DINOSAUR LETTER TRACING

FOR PRESCHOOLERS:

**LEARN TO WRITE LETTERS FOR KIDS
AGES 3-5 AND KINDERGARTEN**

SEAN WOO

EMAIL US AT:
journal@books13.com
TO GET FREE GOODIES!

✶✶✶✶✶✶✶✶✶✶✶✶✶✶✶✶✶✶✶✶✶✶✶✶✶✶✶

Just title the email with the "book name"

And we will send some extra surprises!

THIS BOOK BELONGS TO:

____

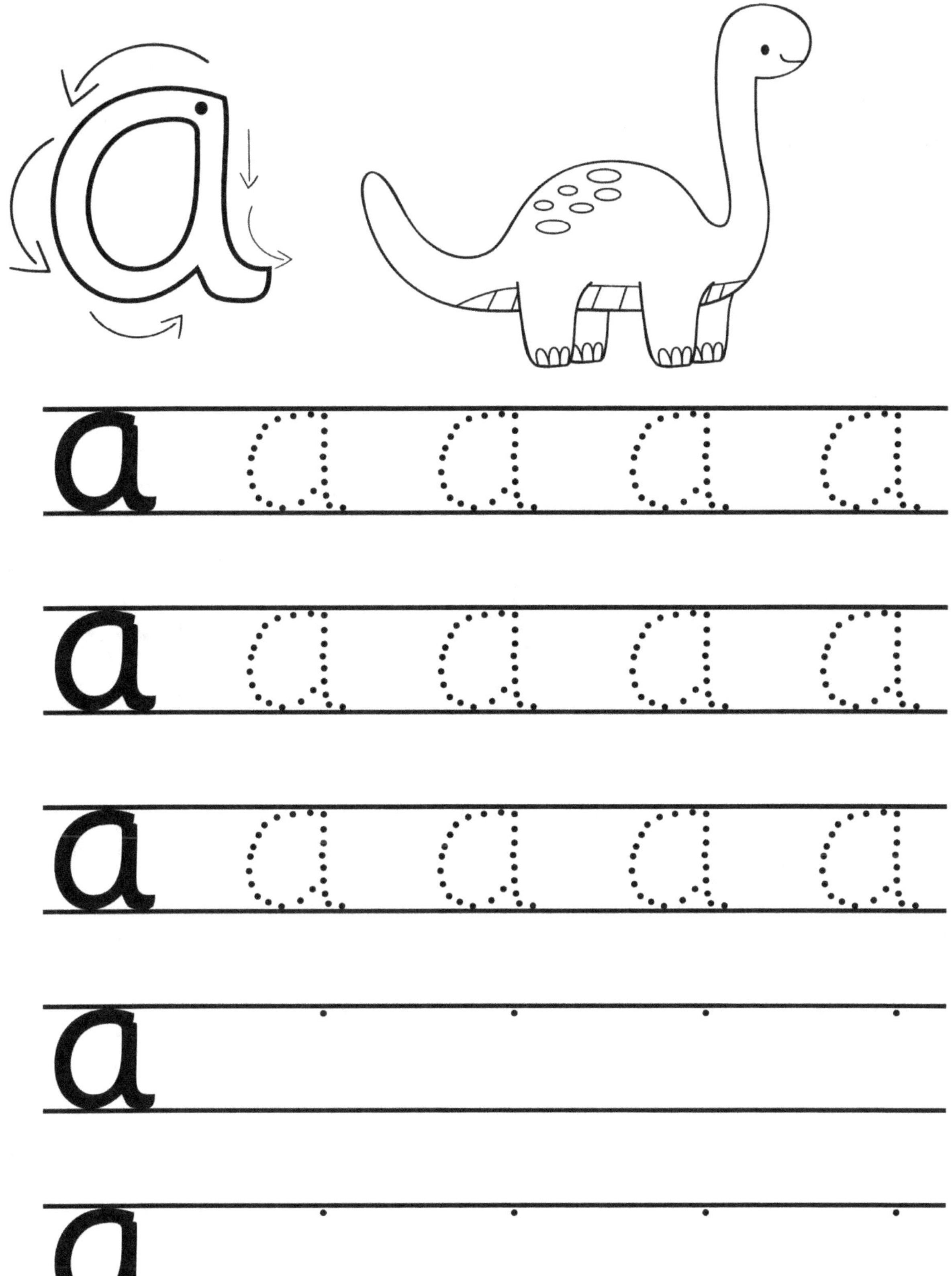

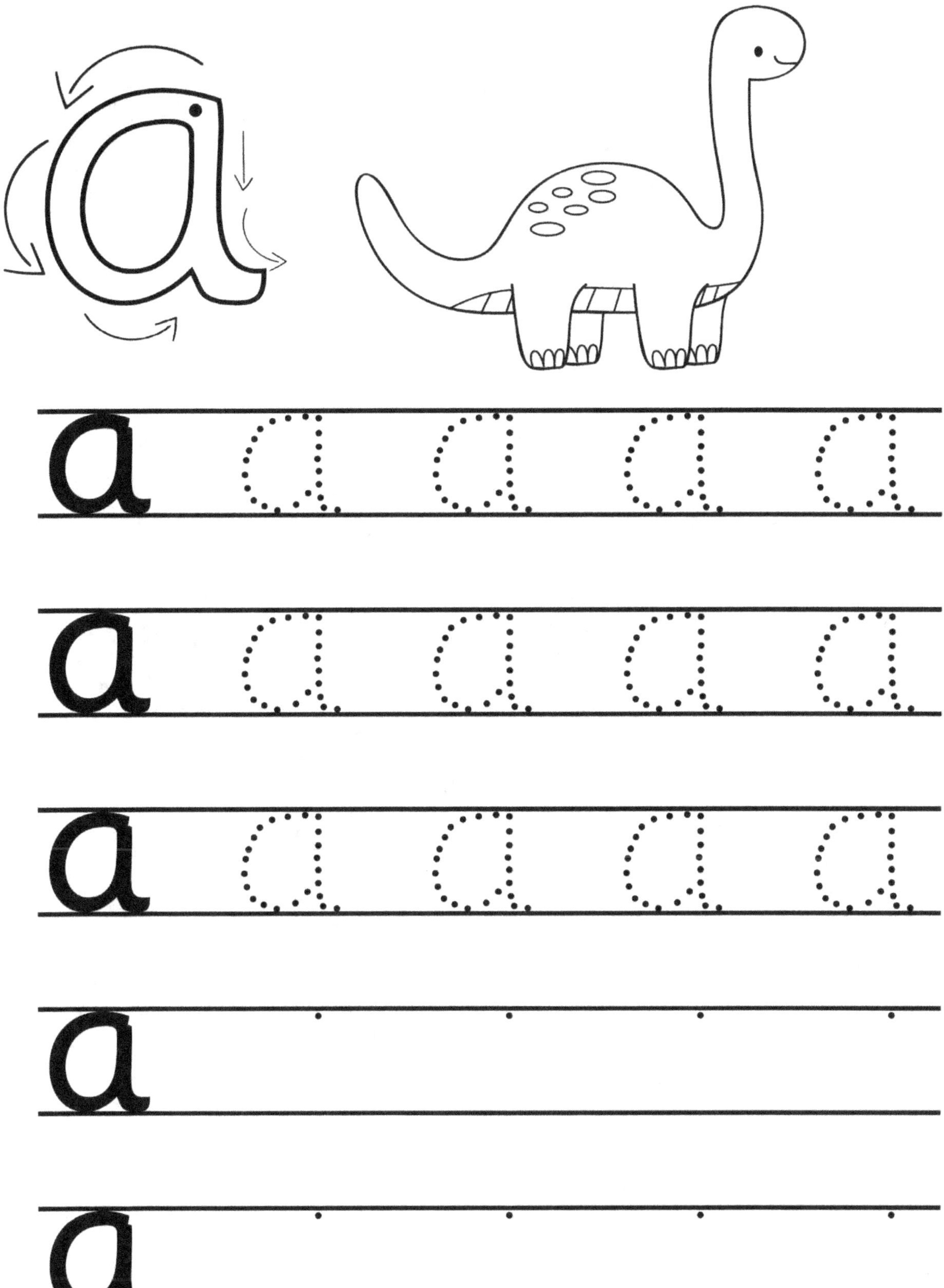

a a a a a

a a a a a

a a a a a

a

a

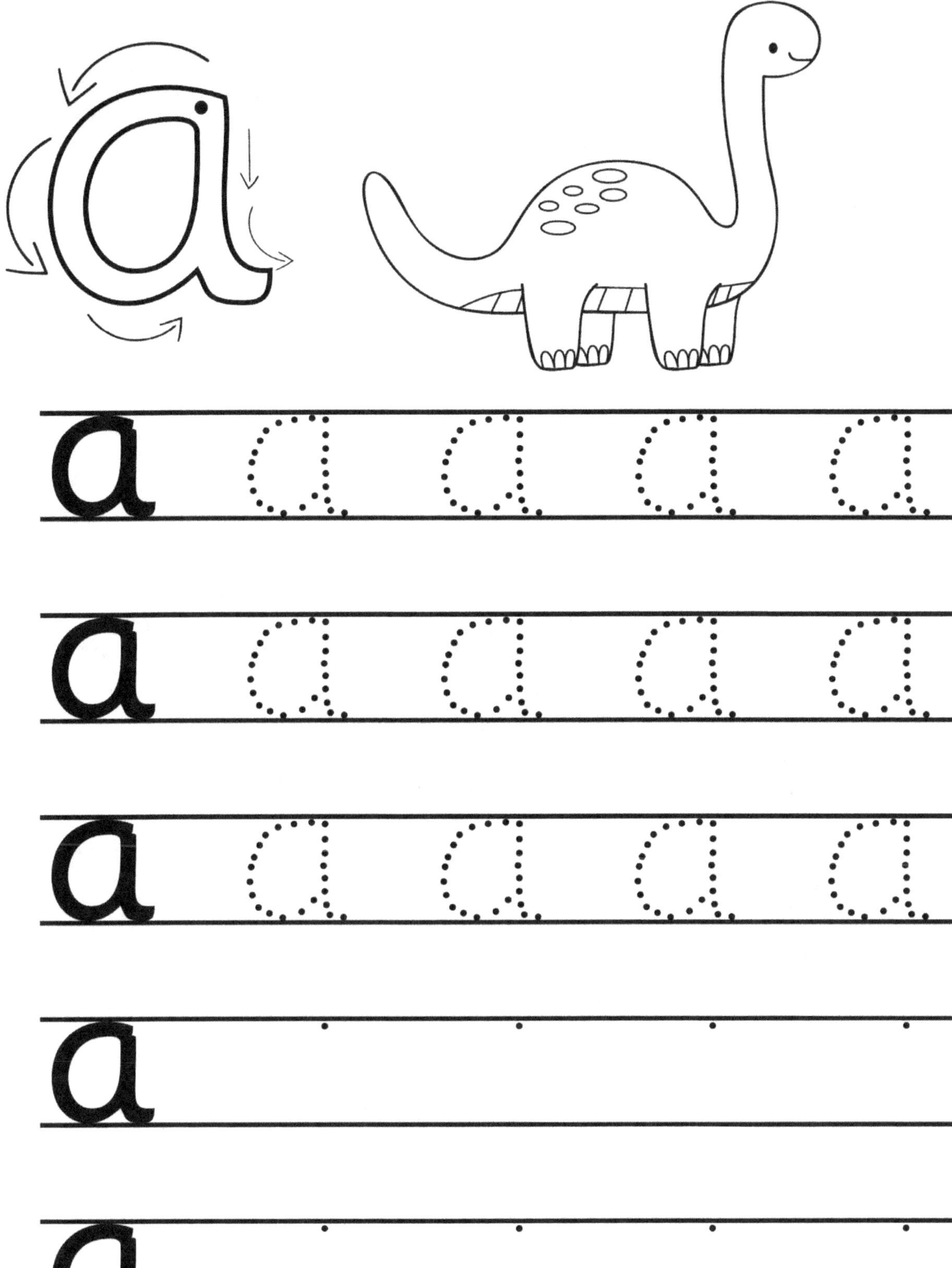

a a a a a

a a a a a

a a a a a

a

a

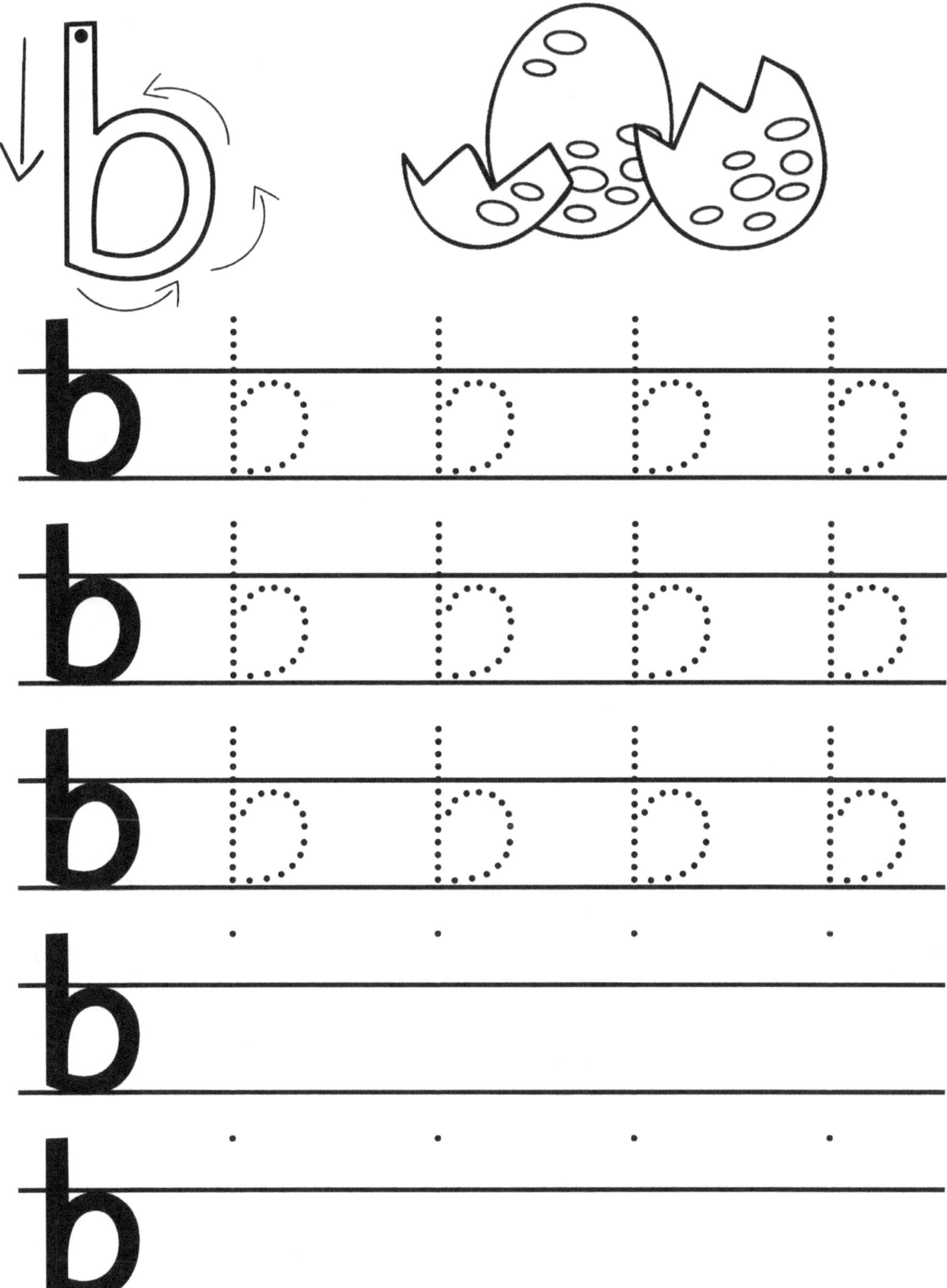

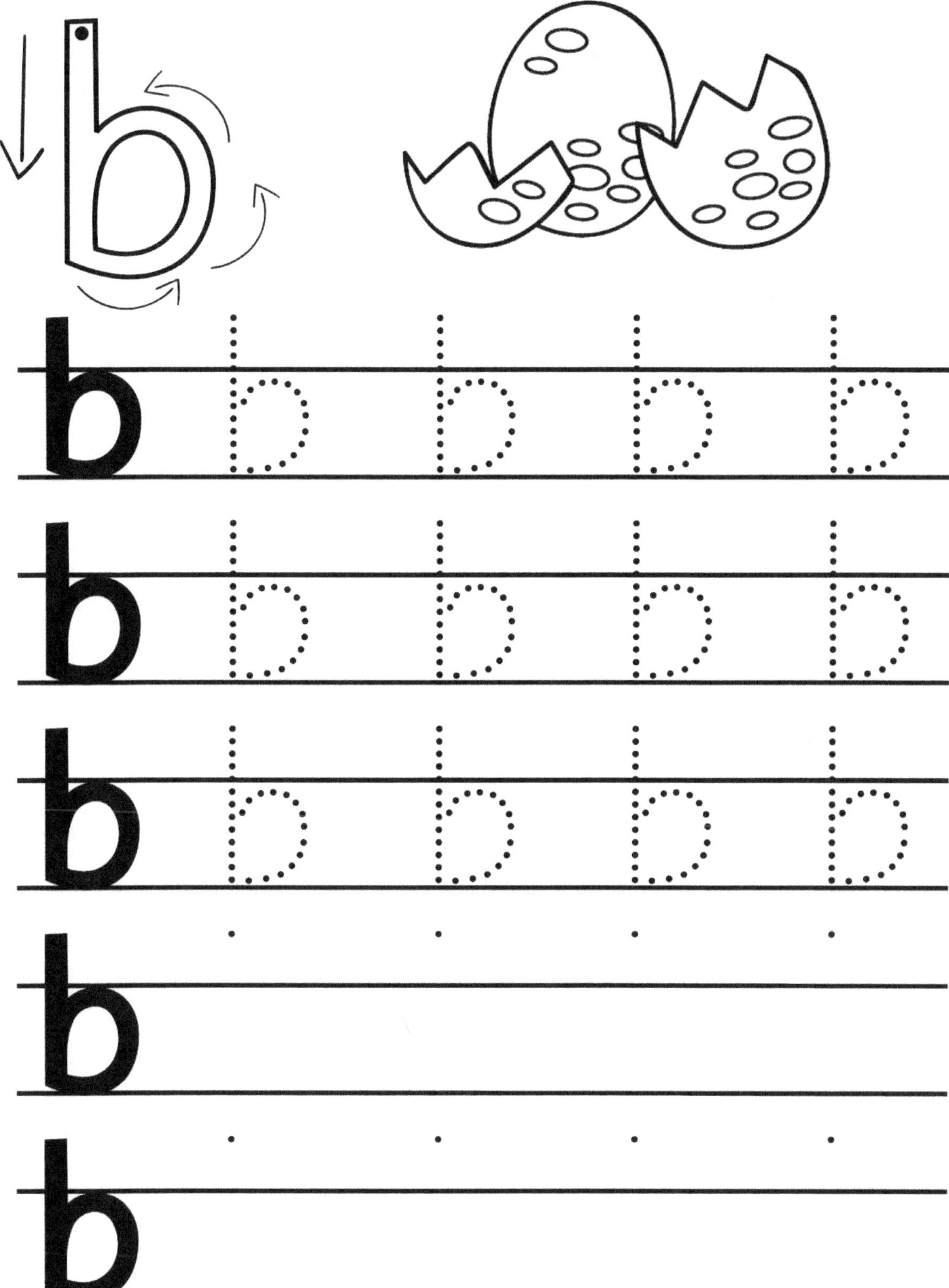

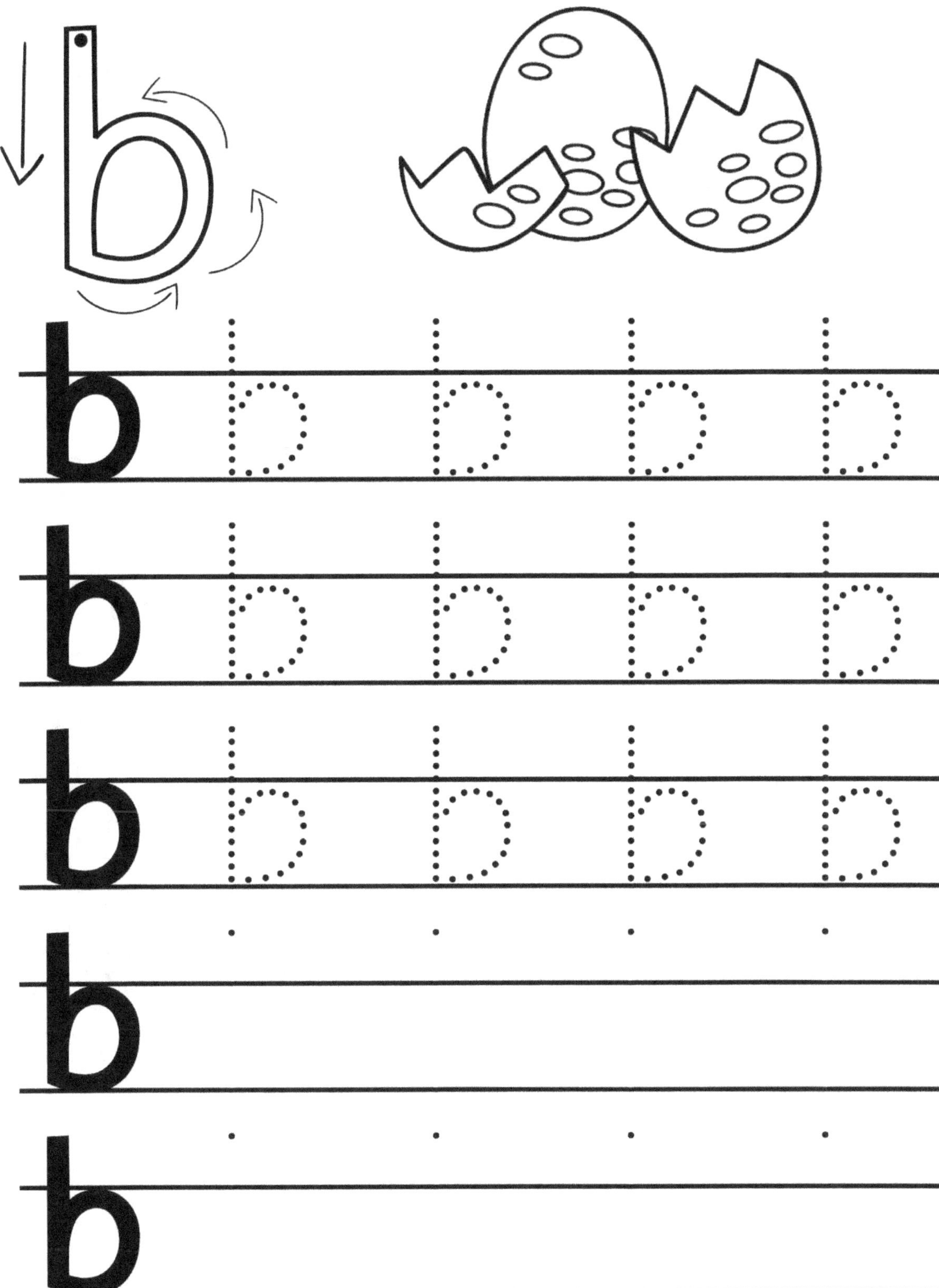

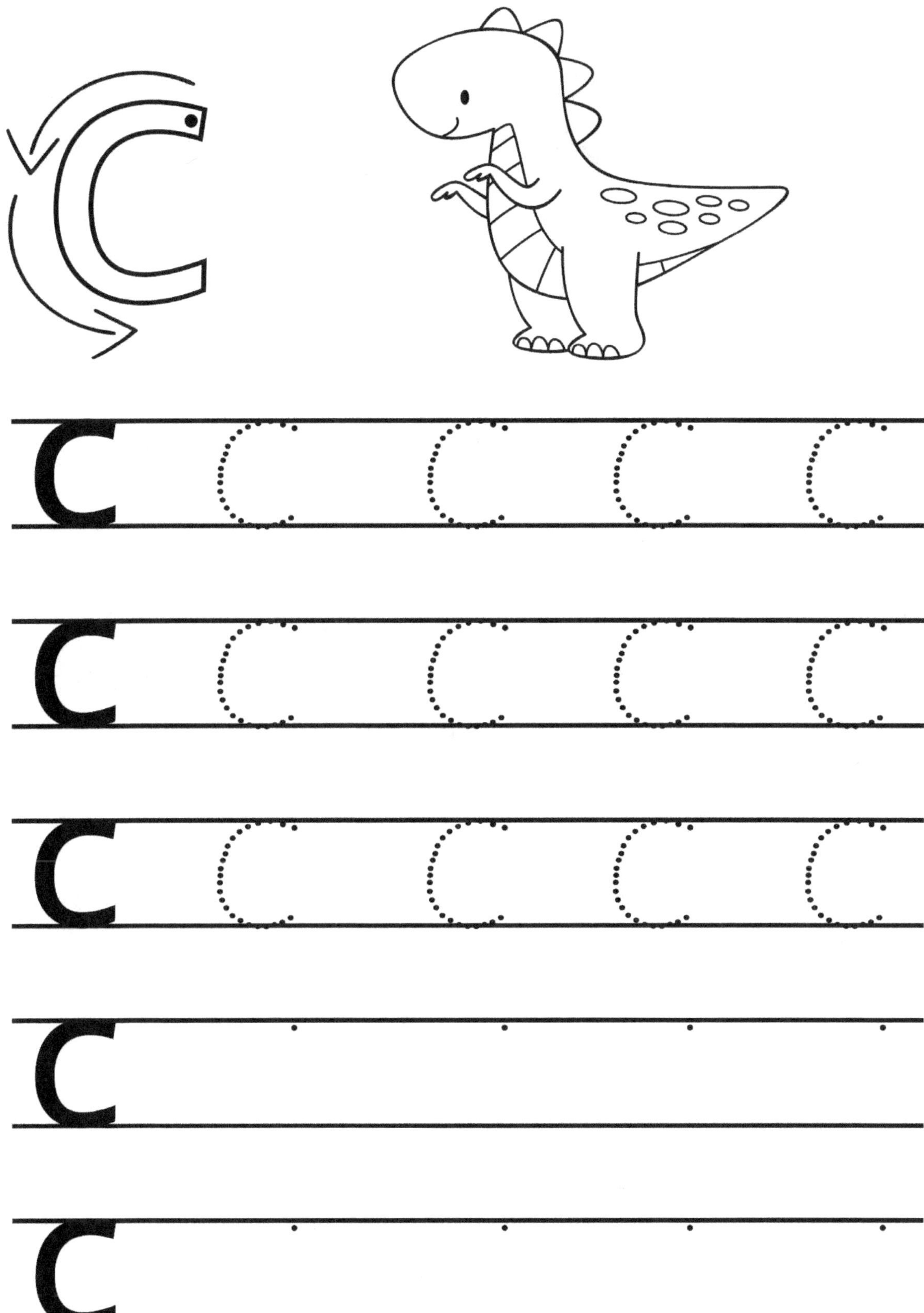

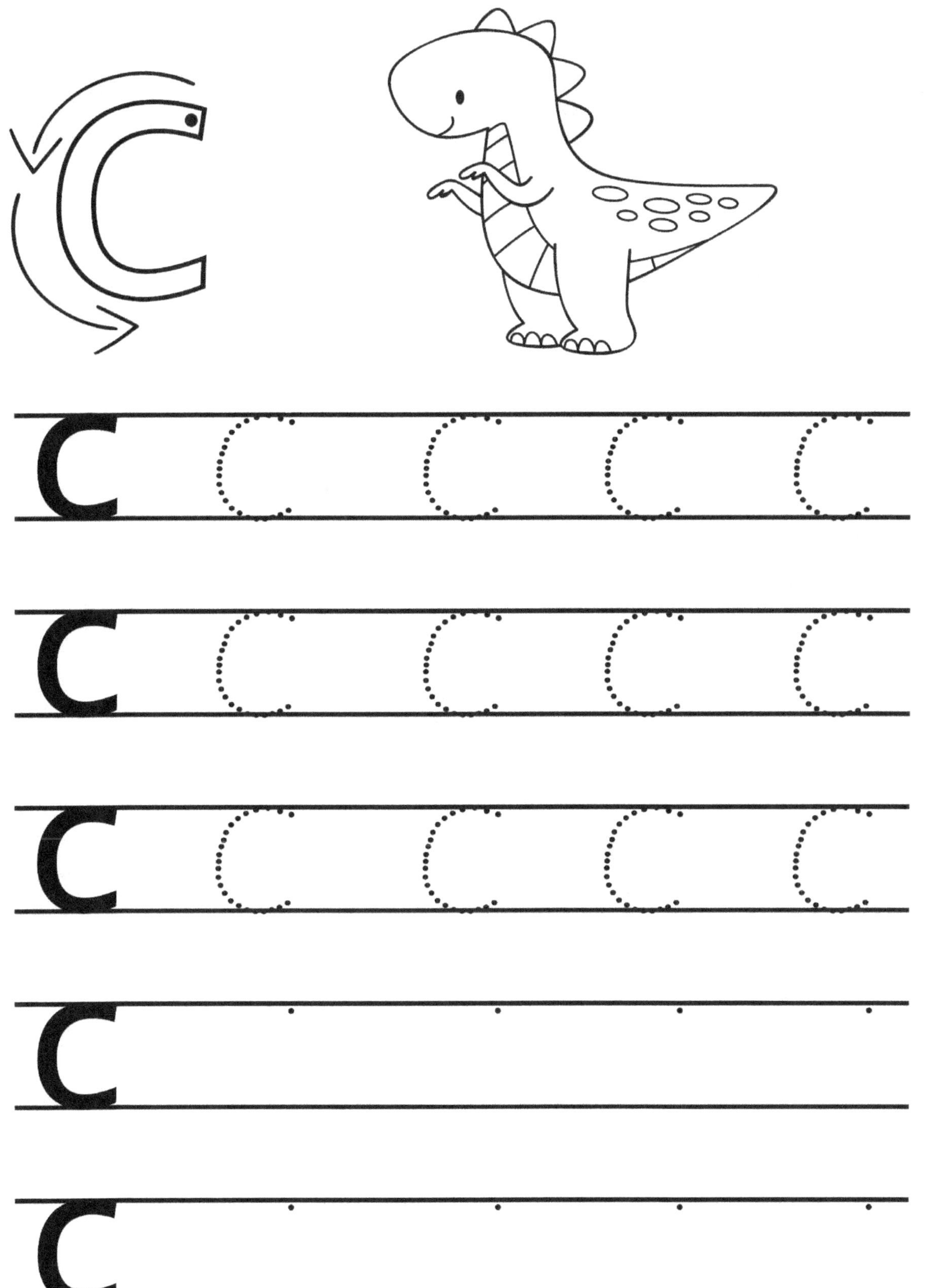

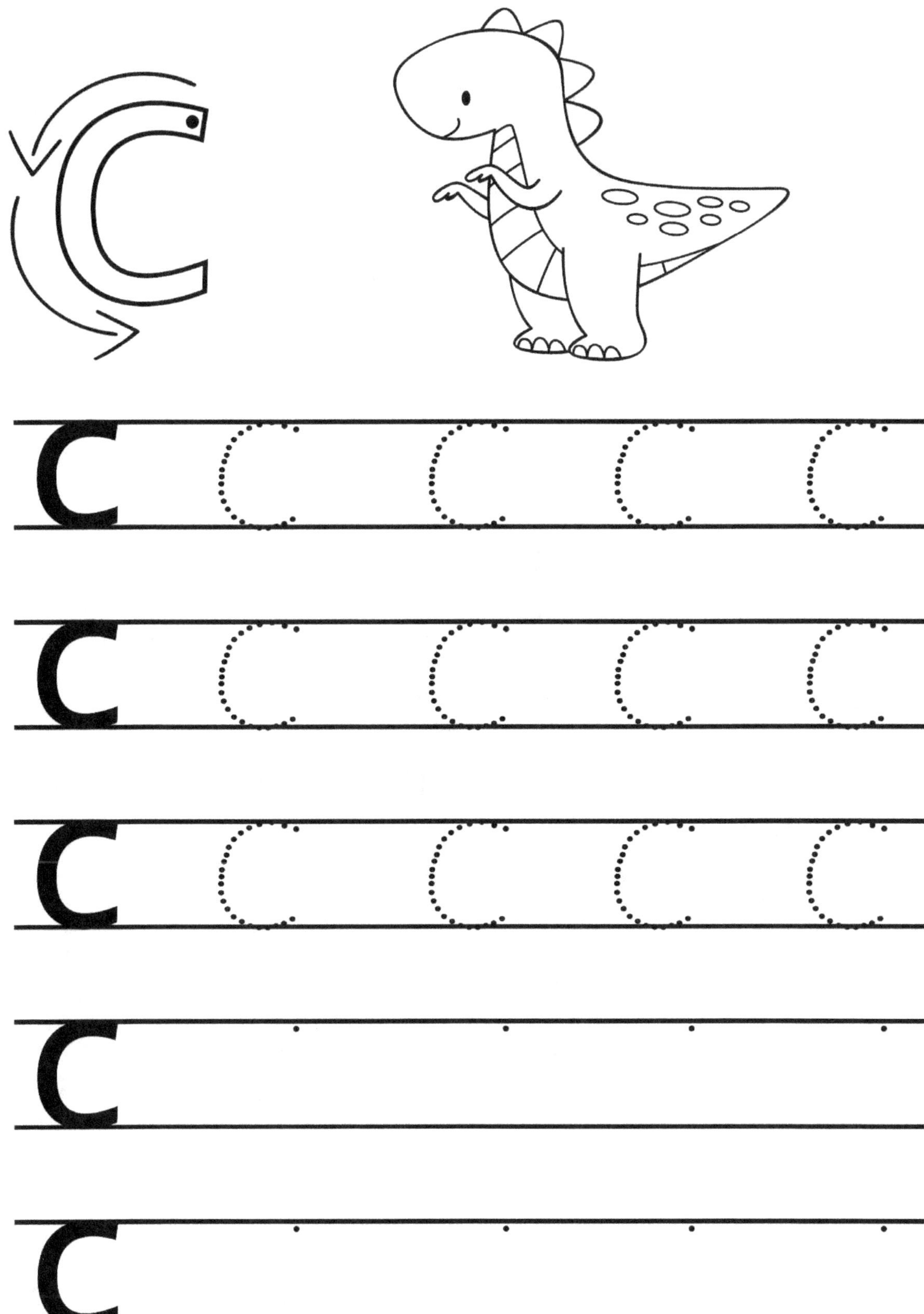

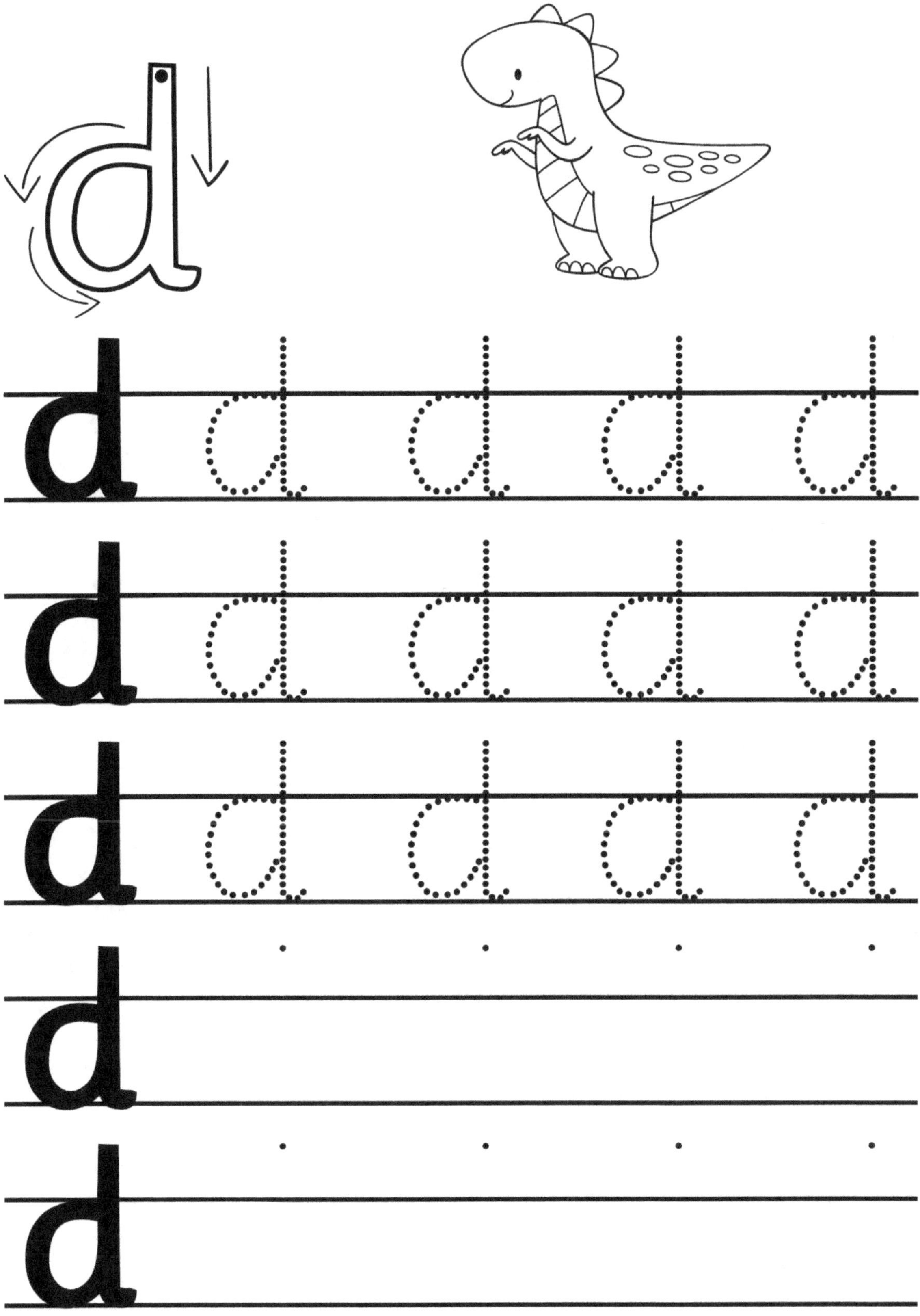

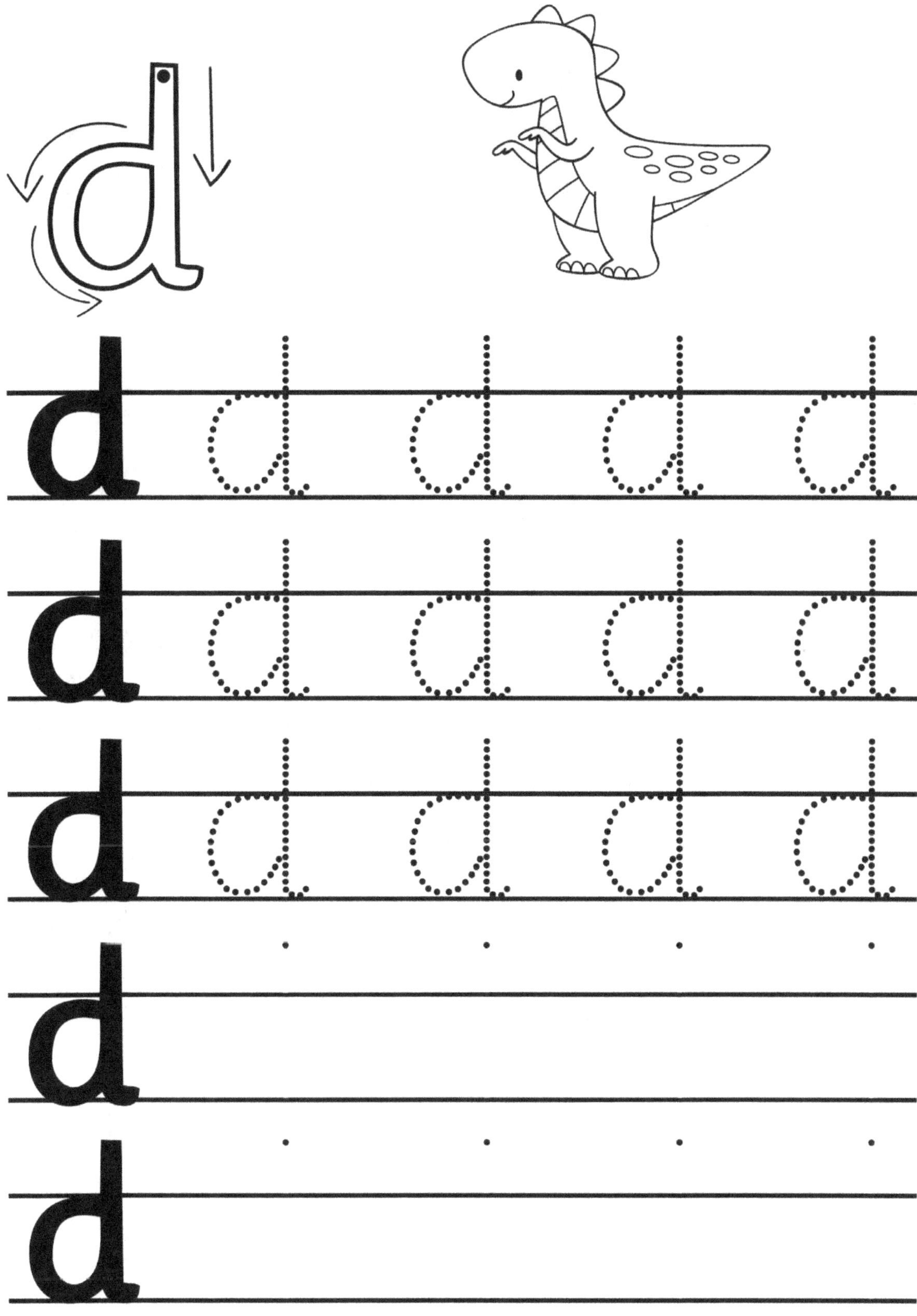

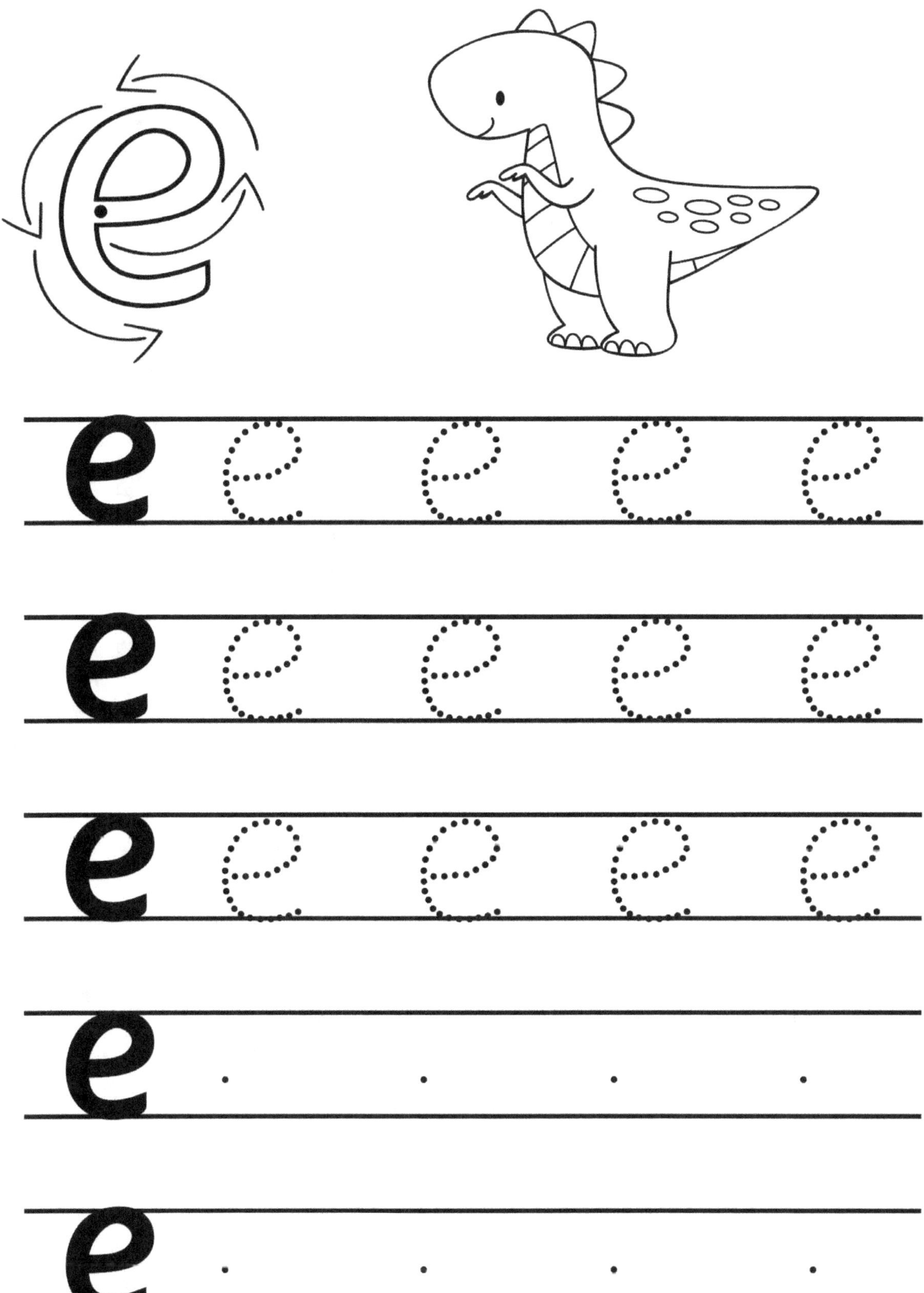

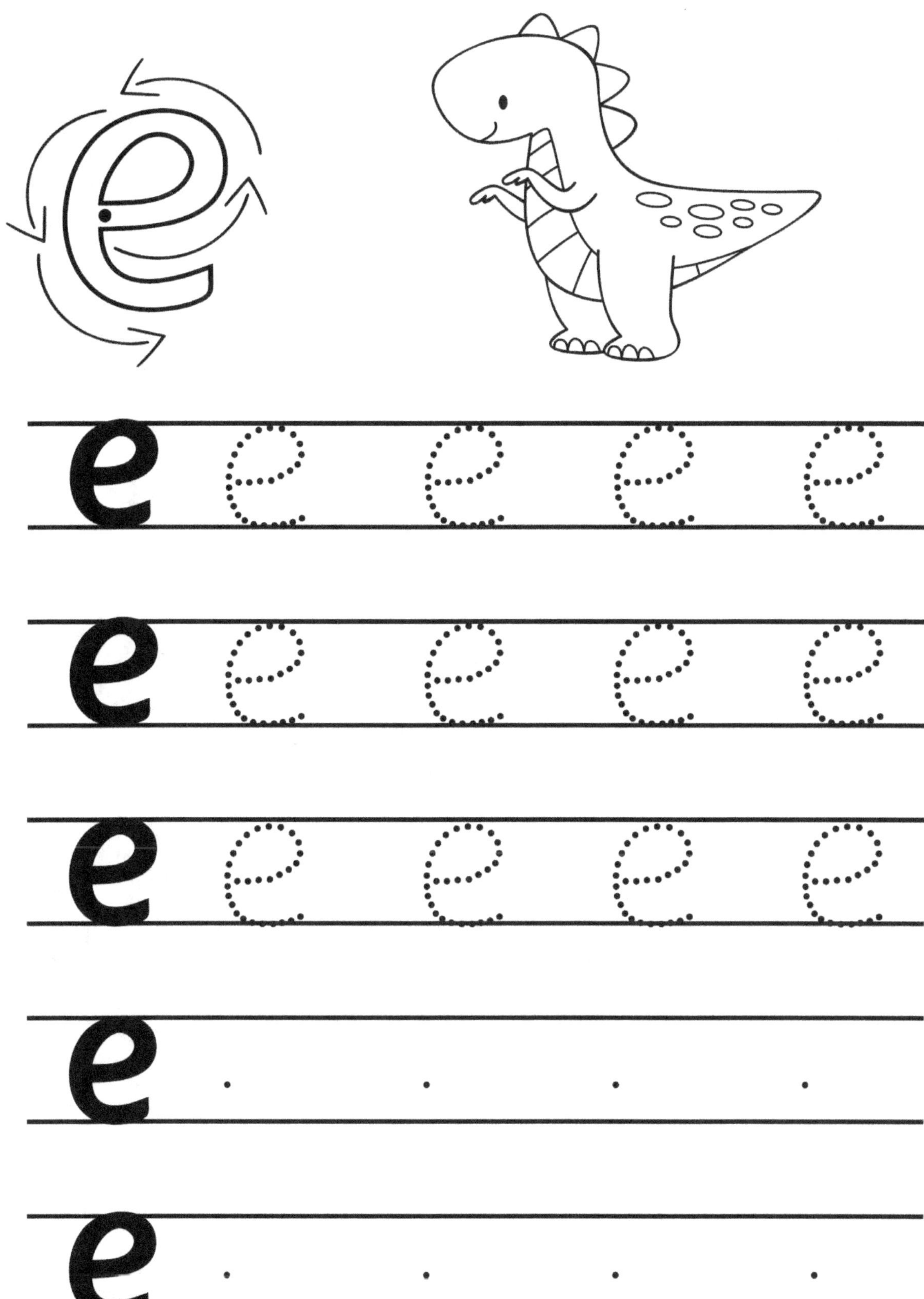

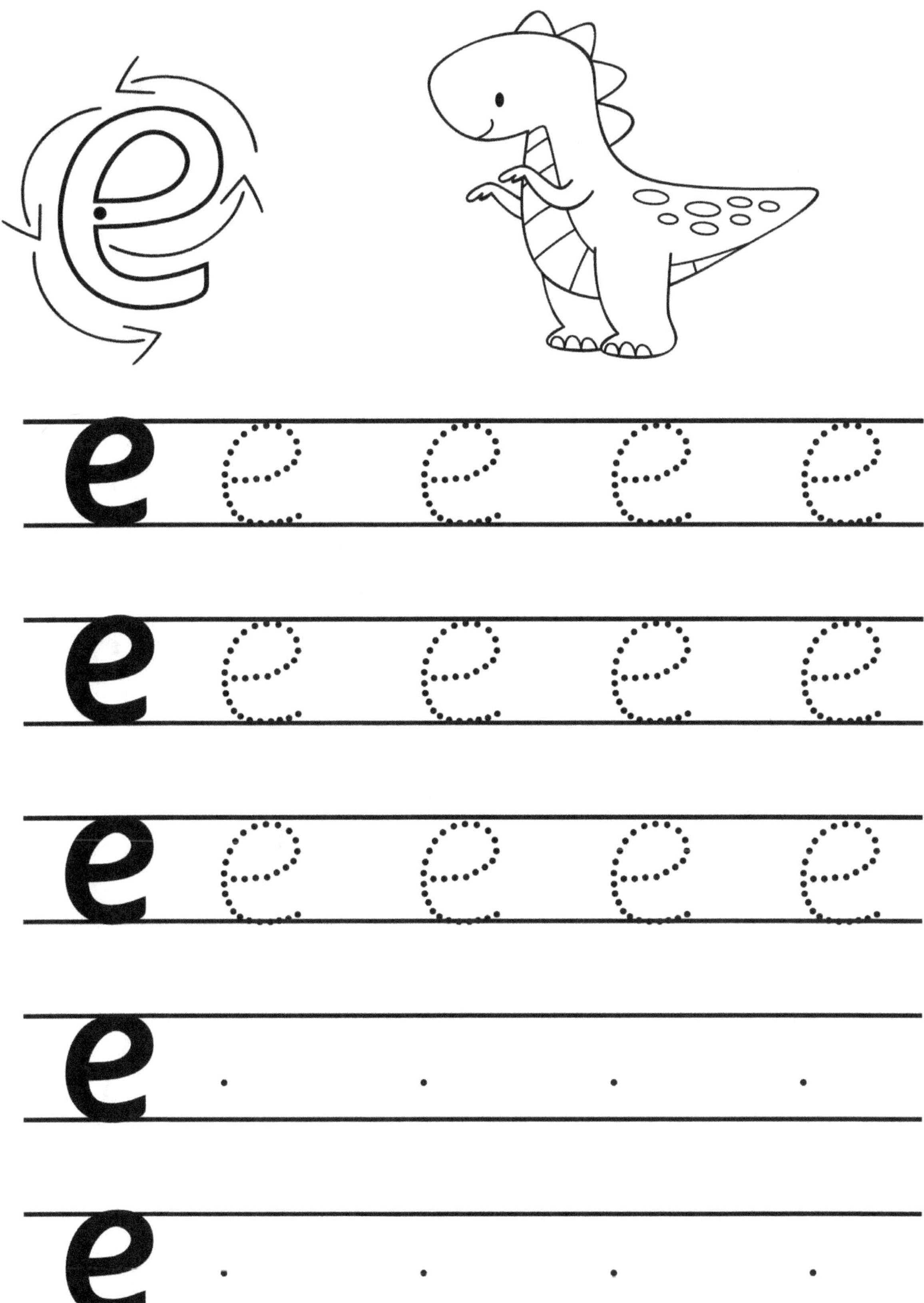

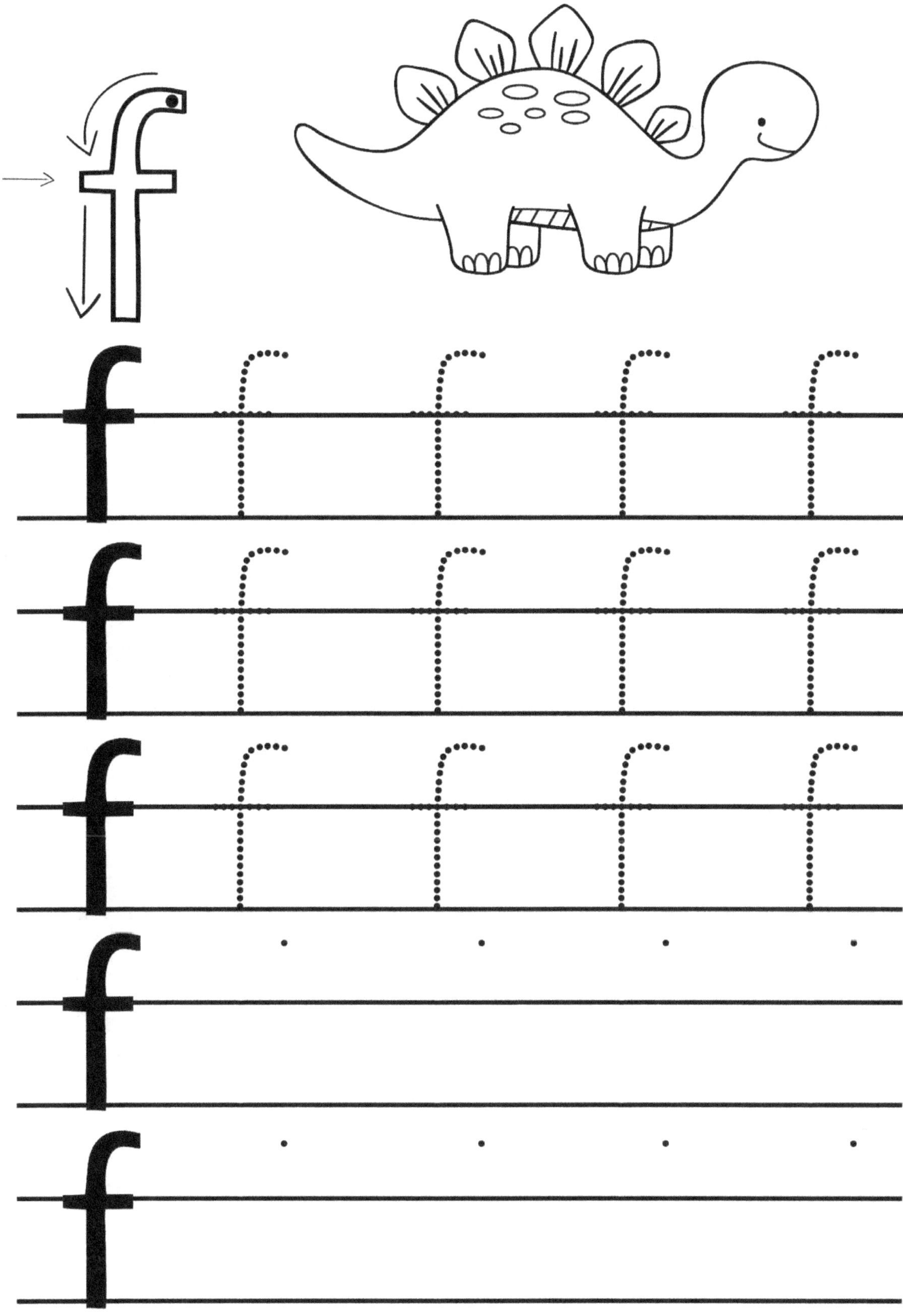

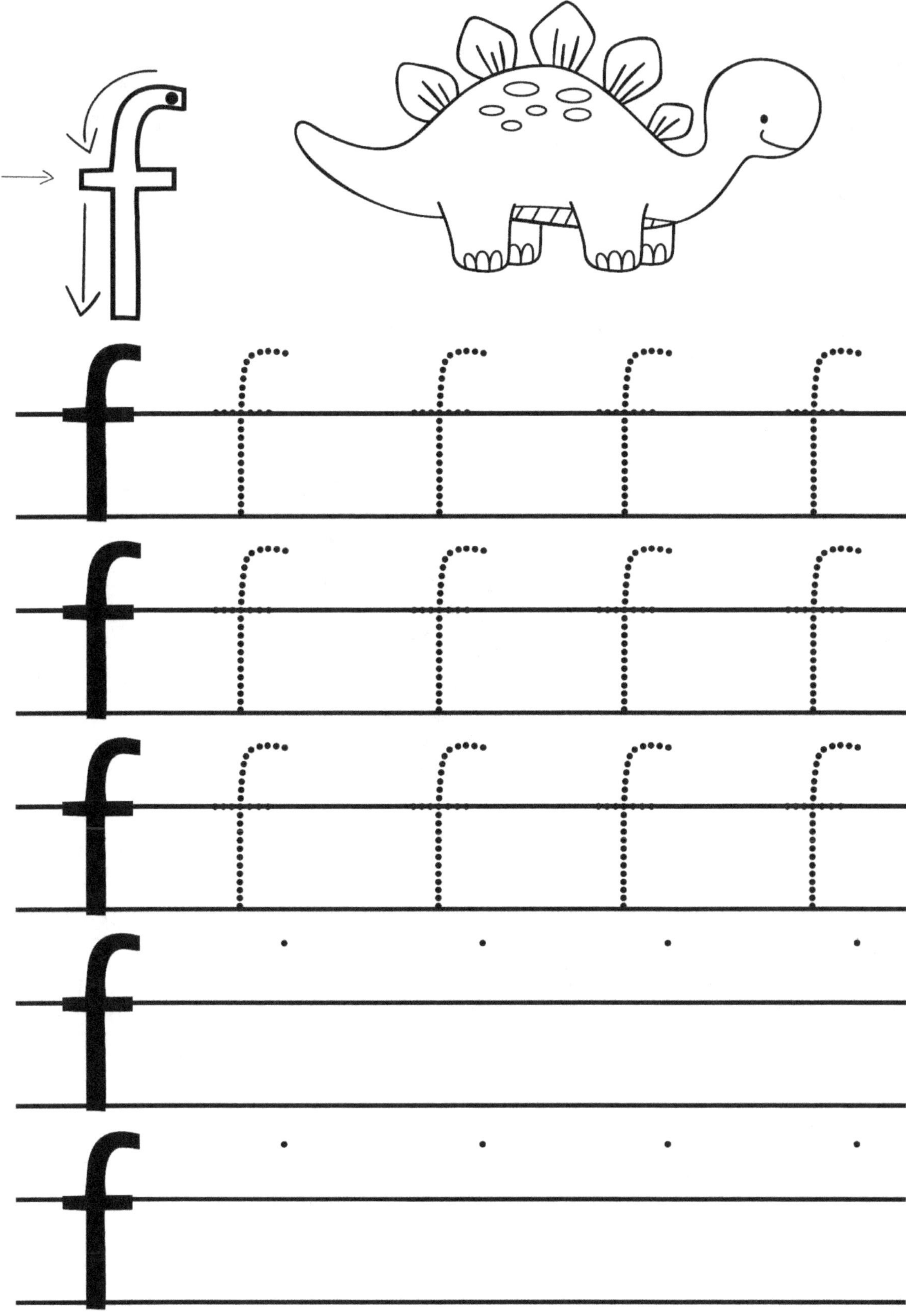

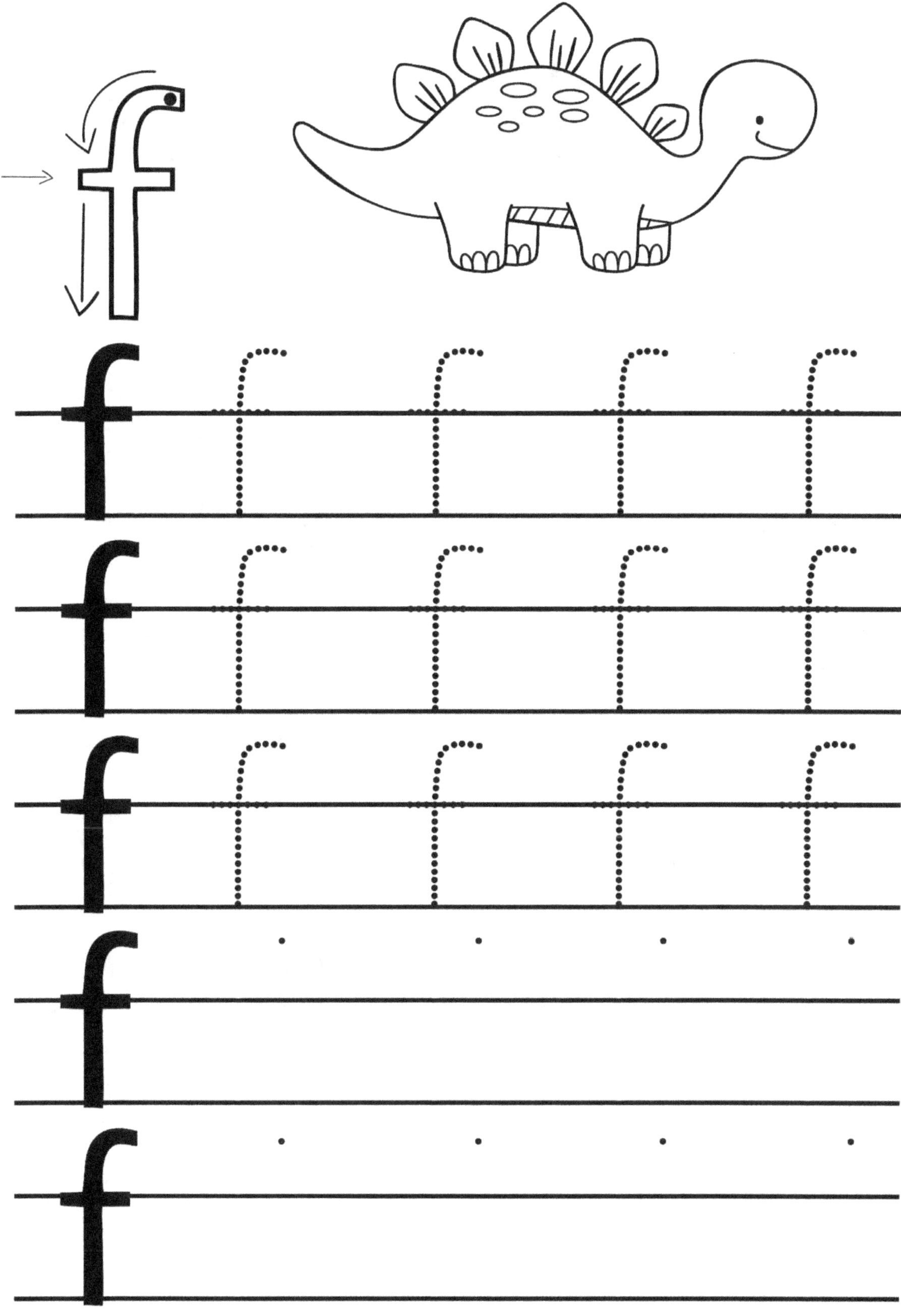

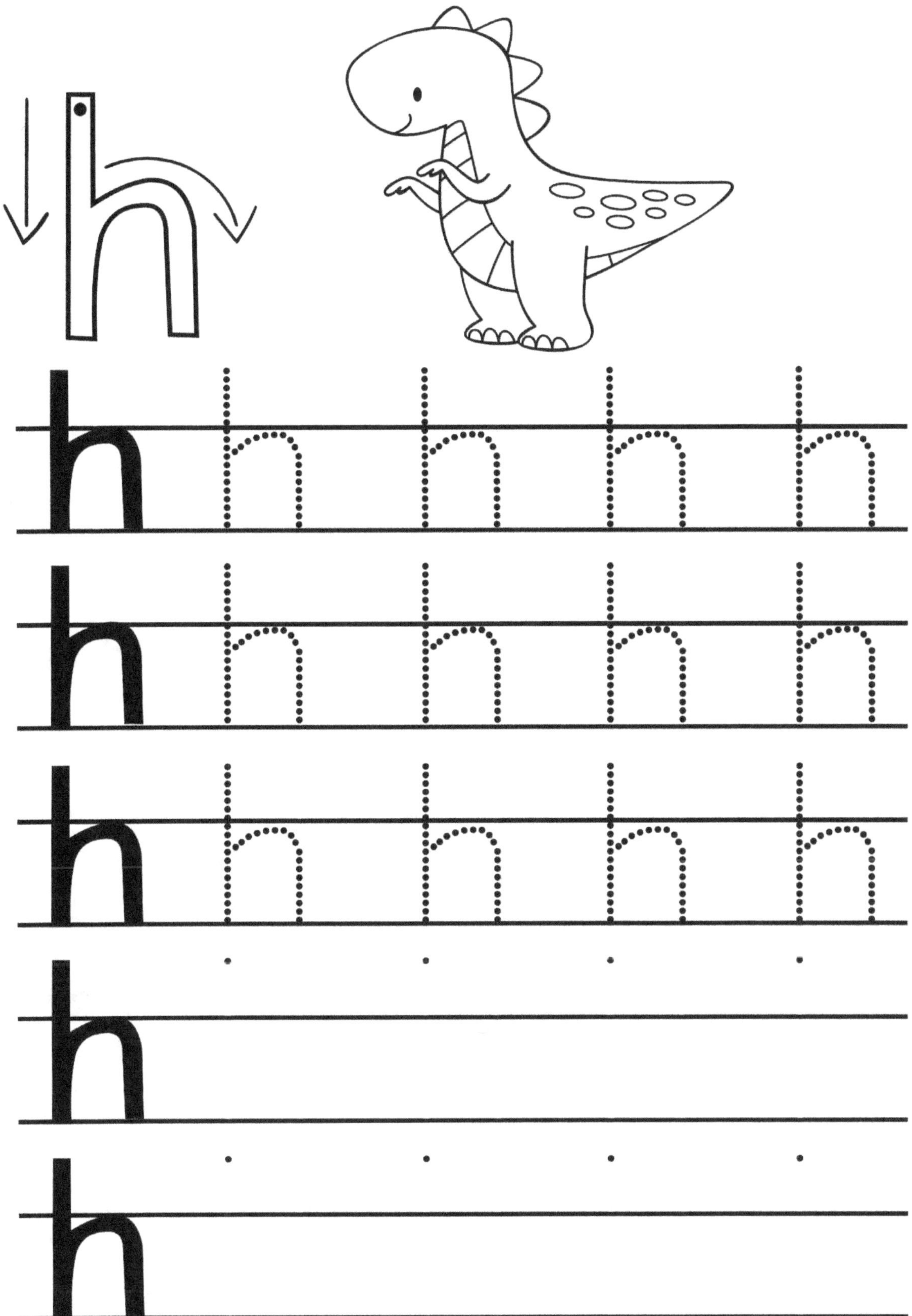

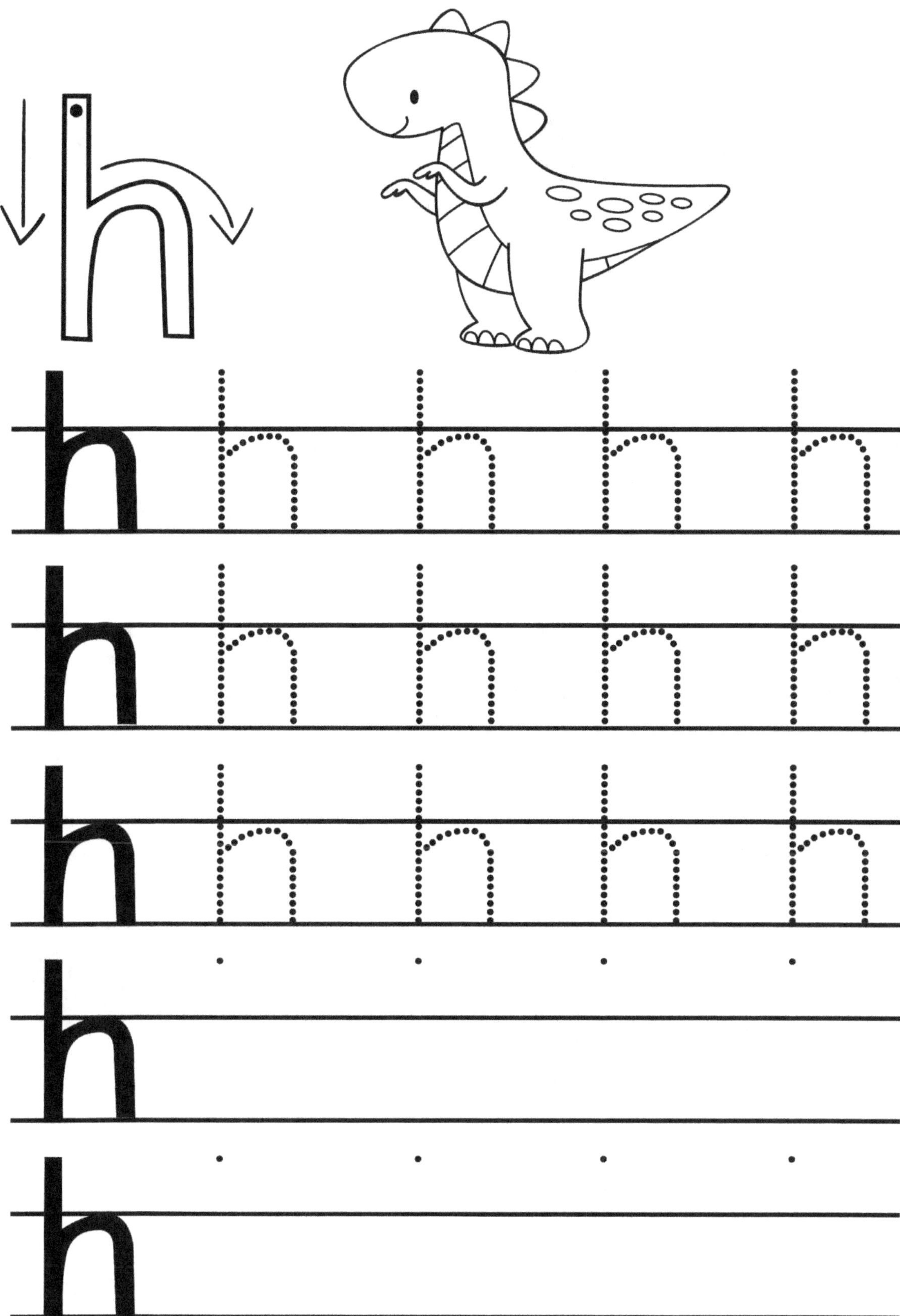

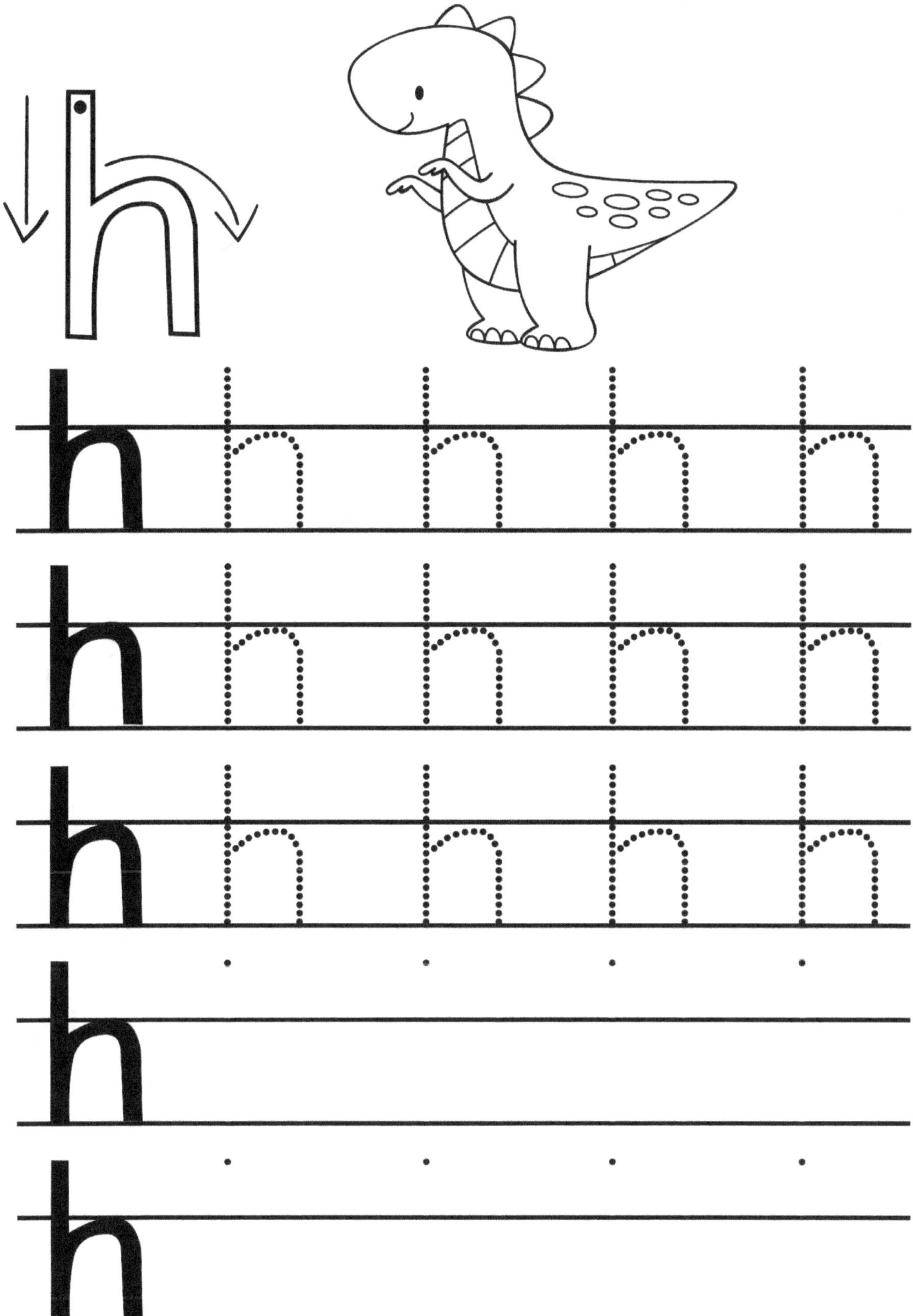

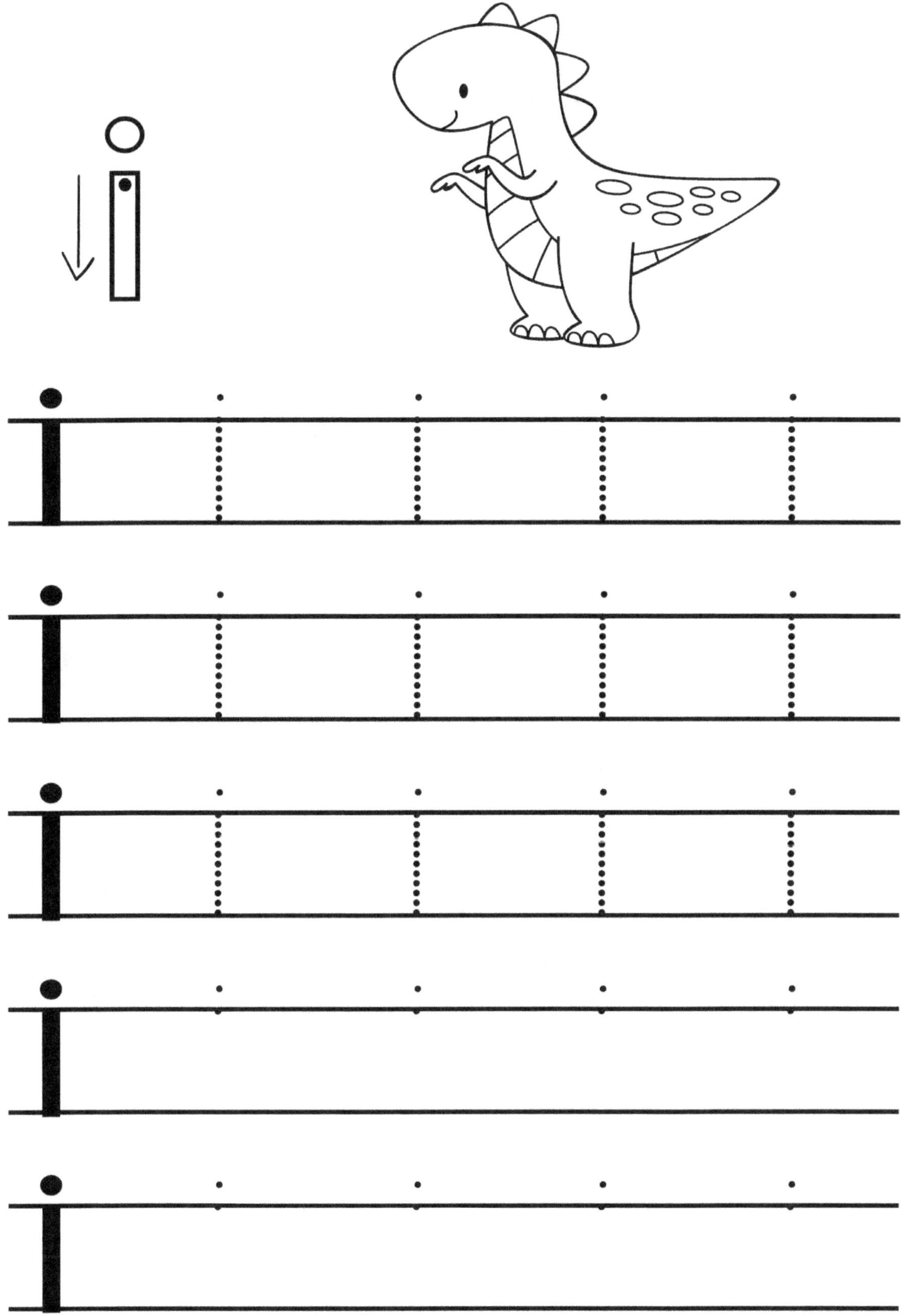

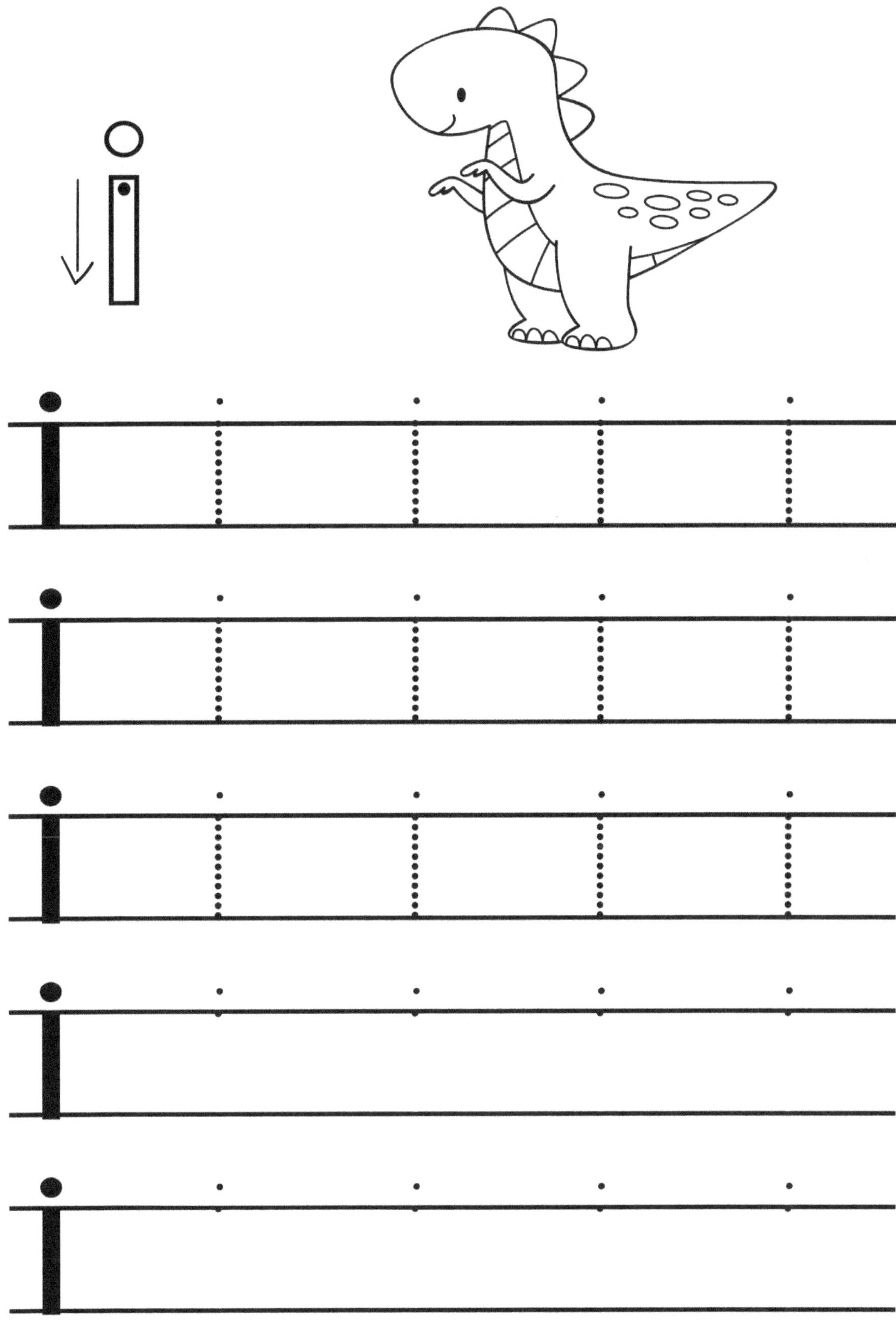

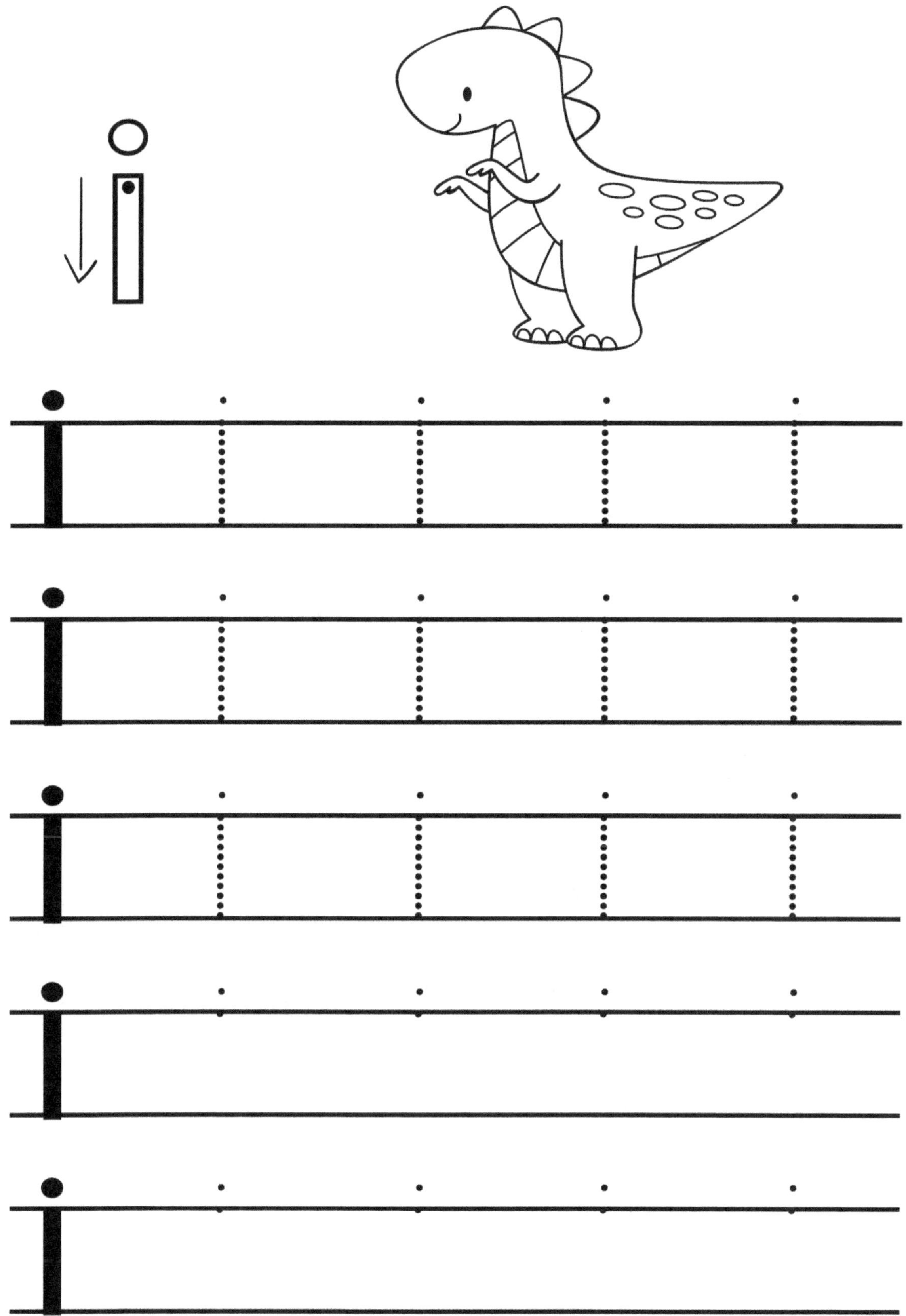

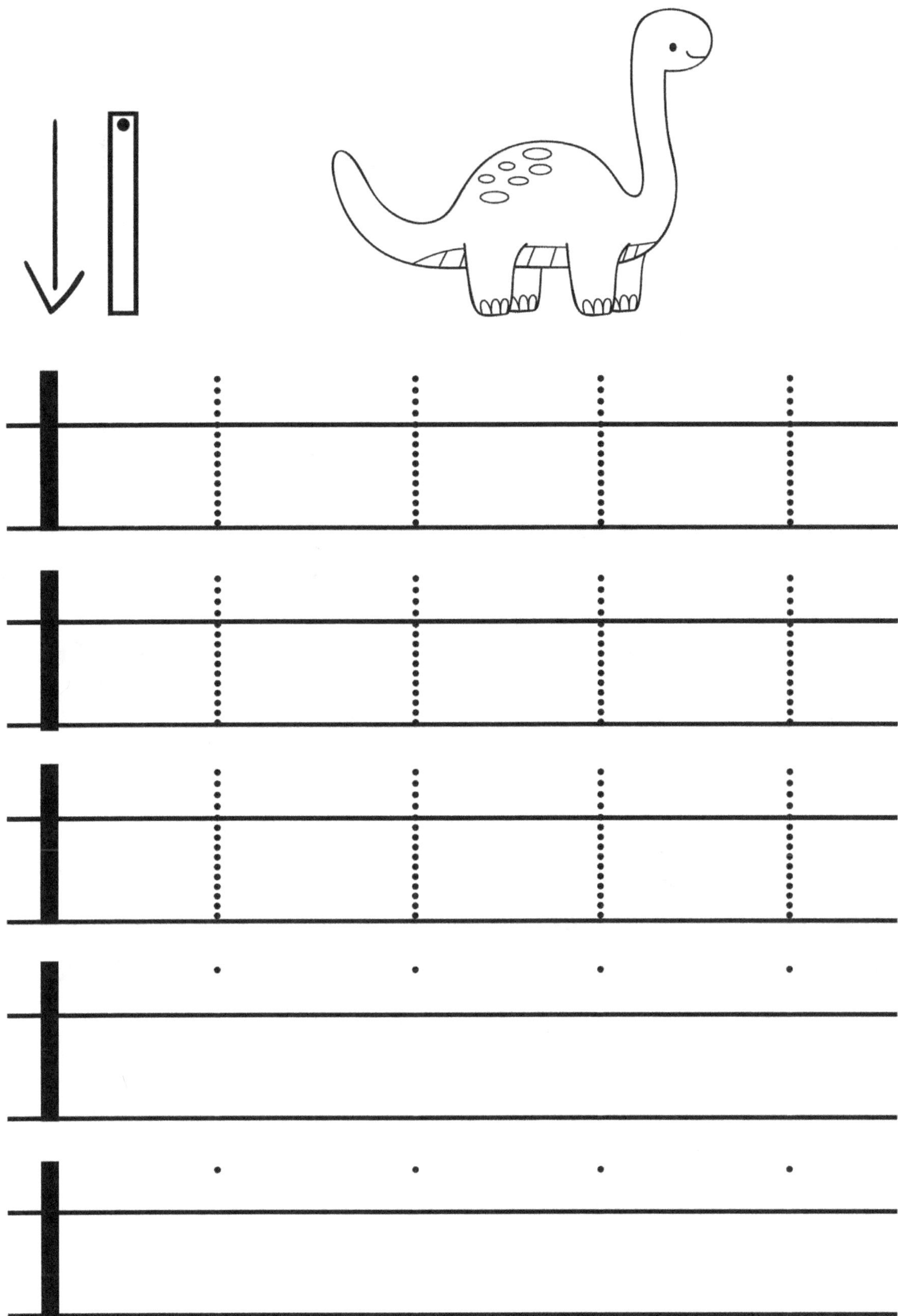

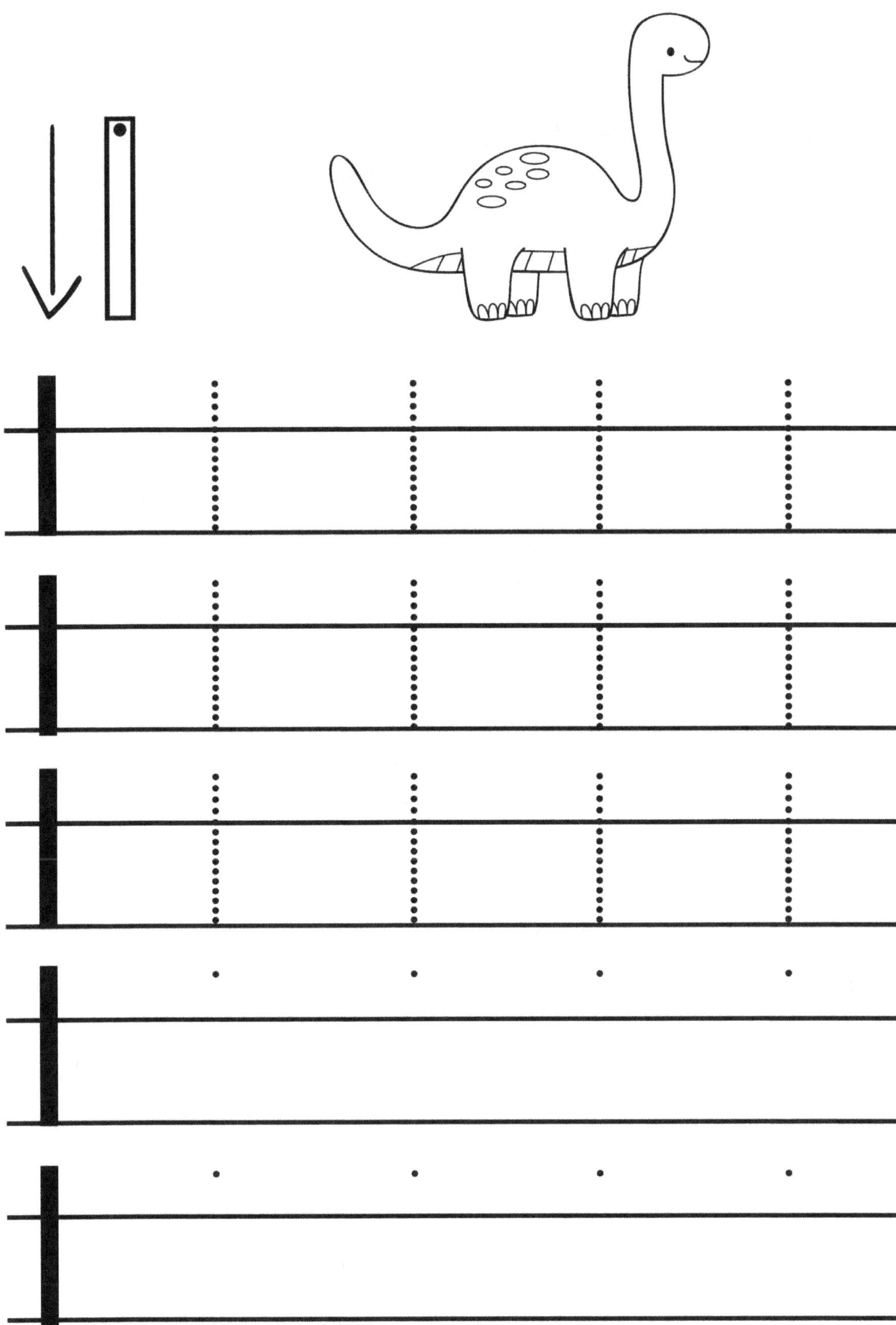

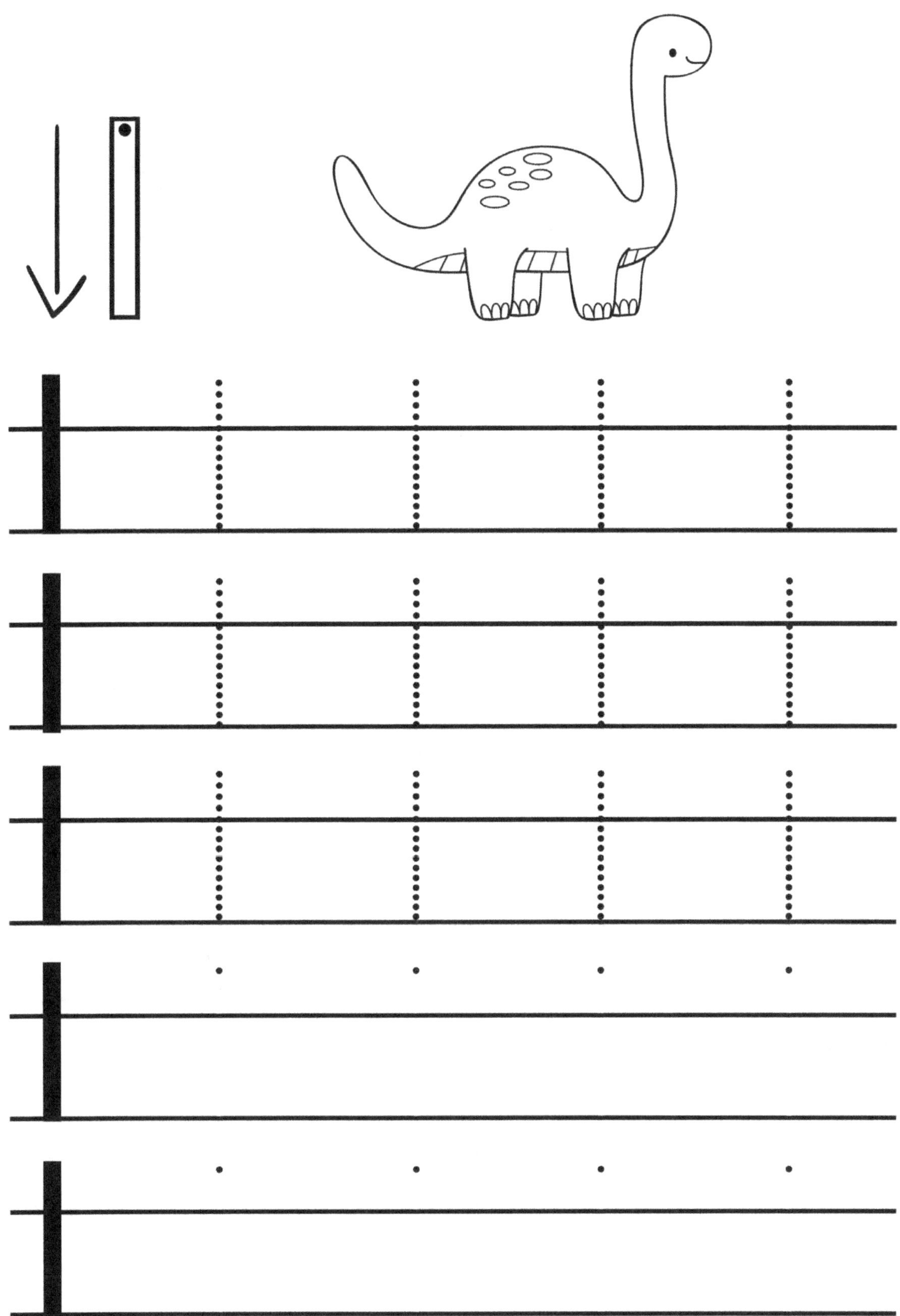

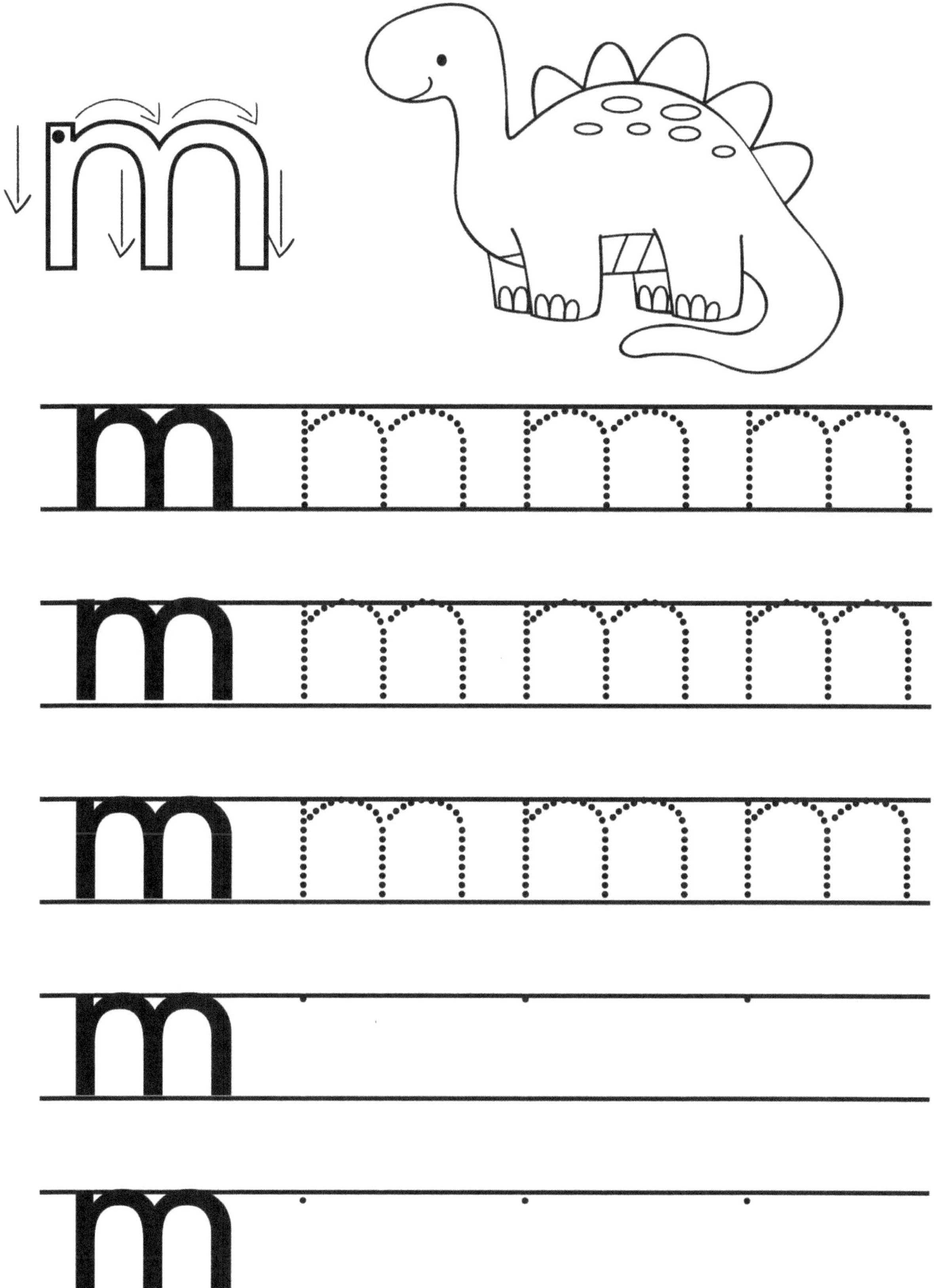

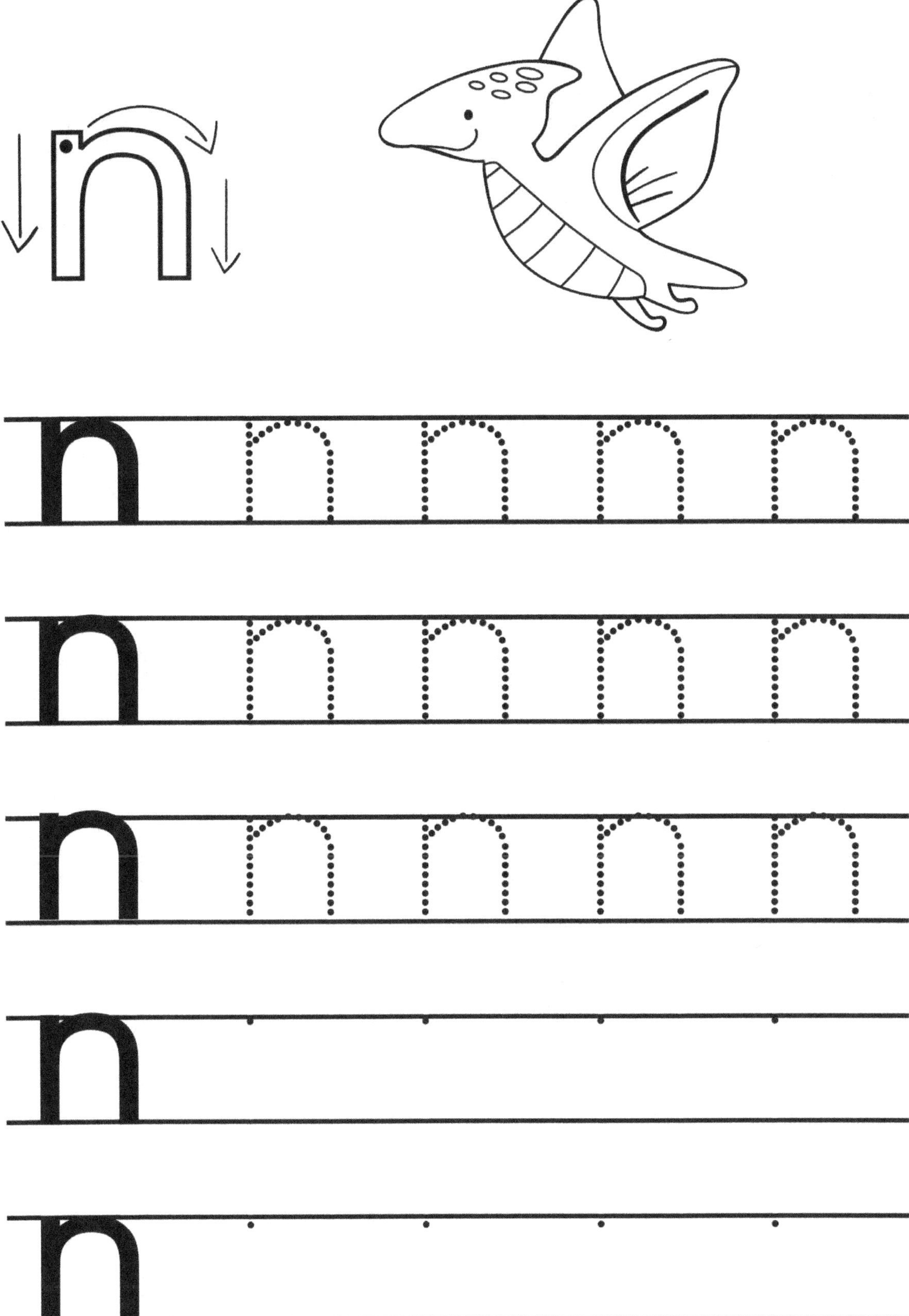

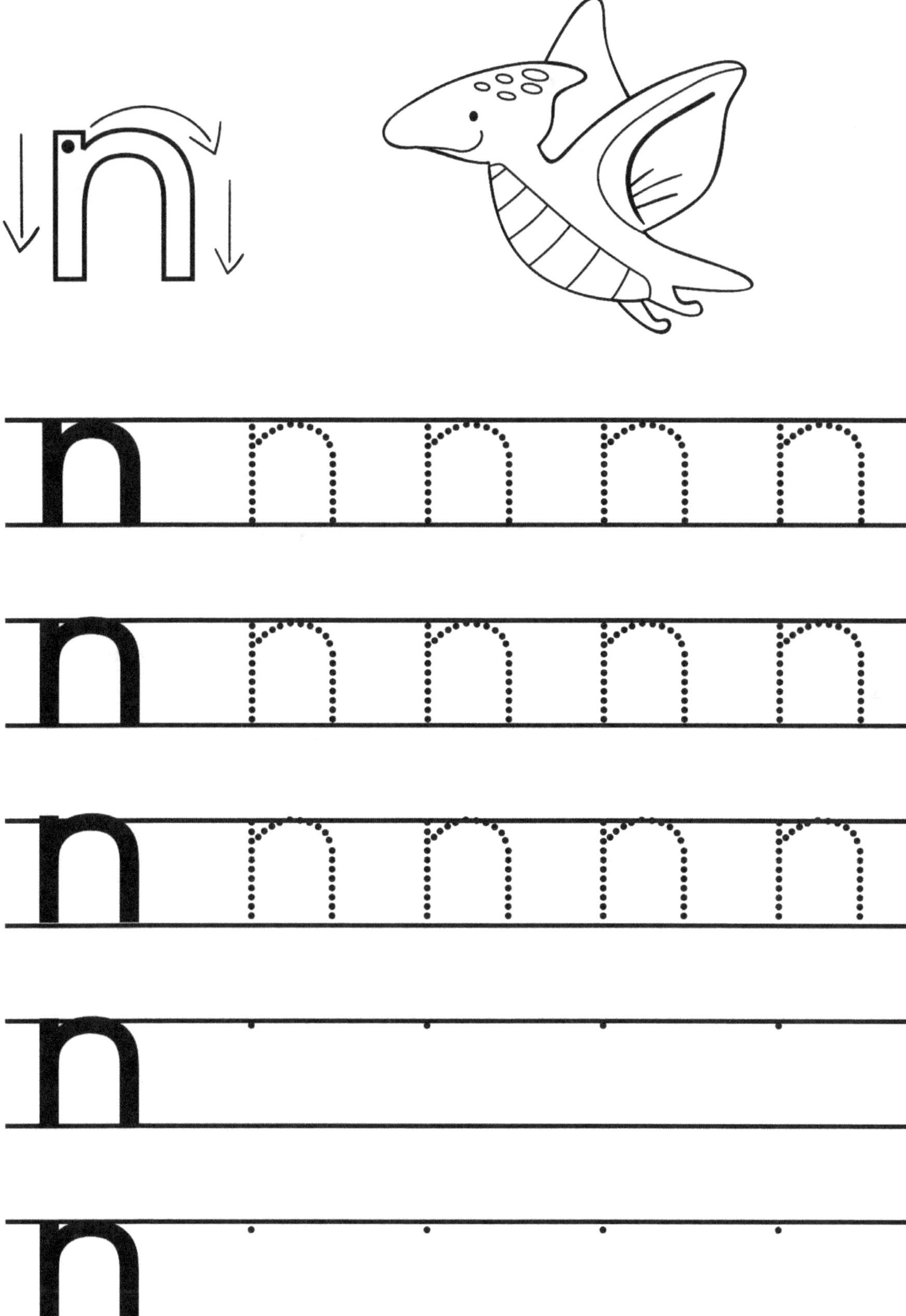

n n n n n n n n n n
n n n n n n n n n n
n n n n n n n n n n
n
n

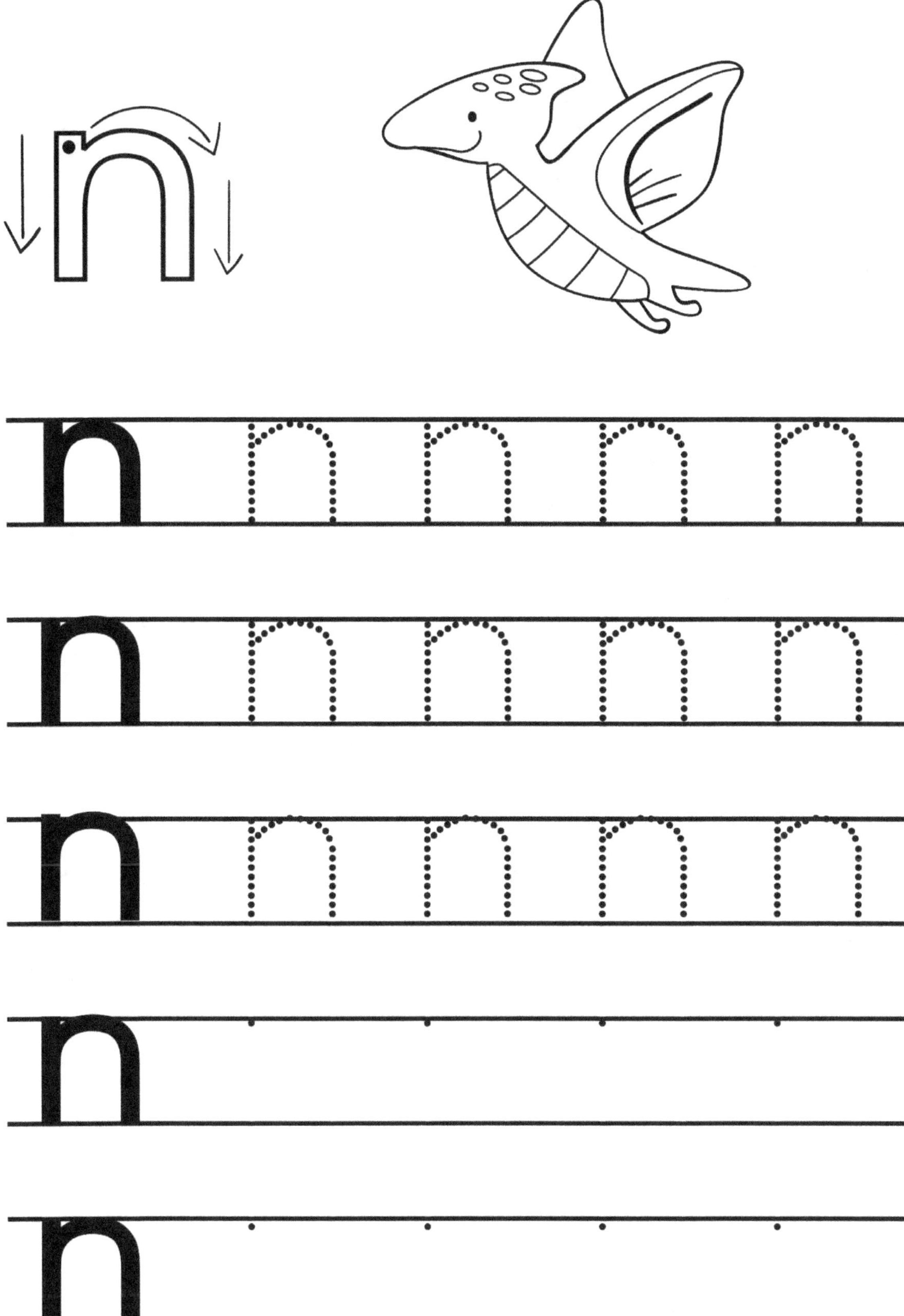

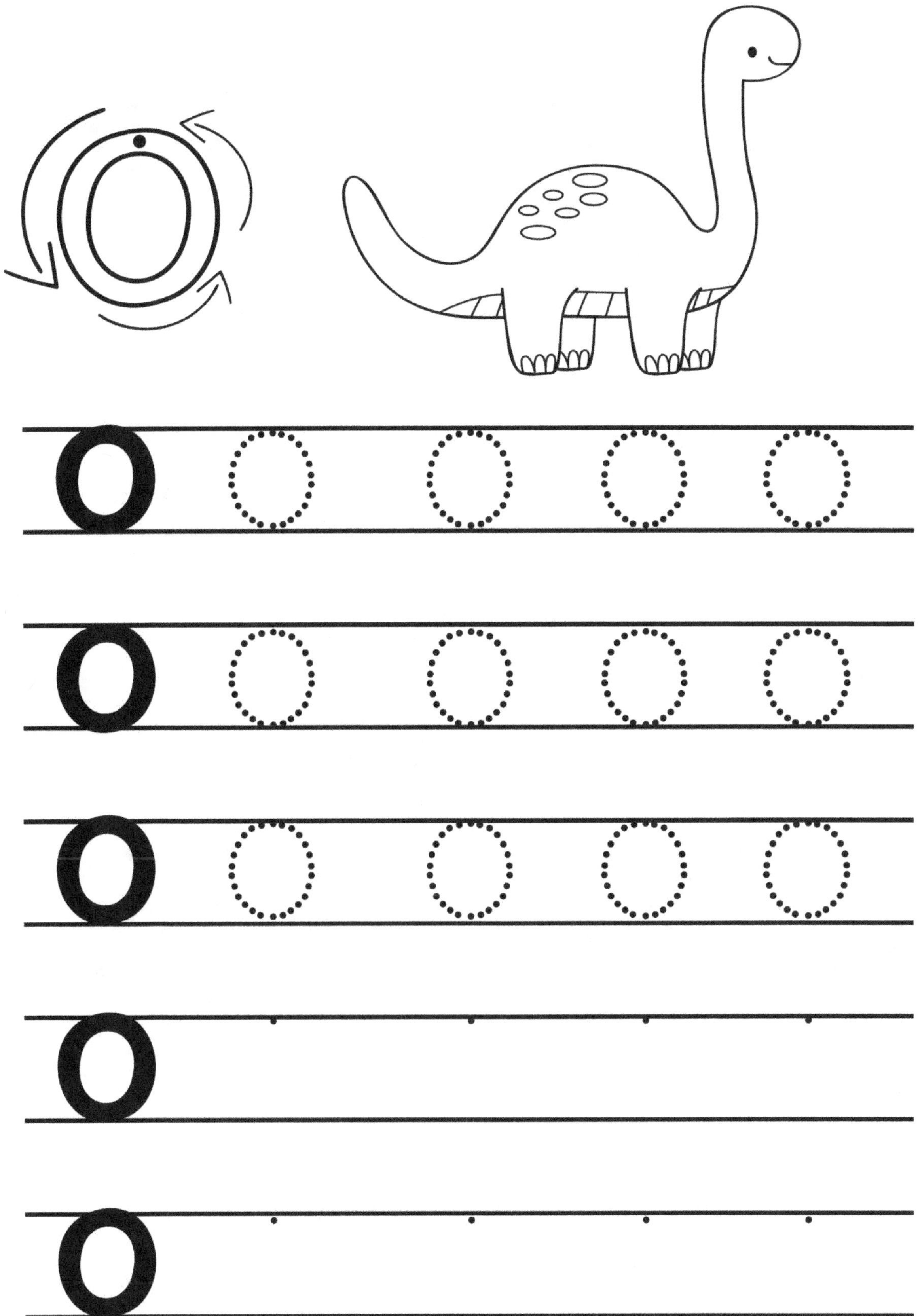

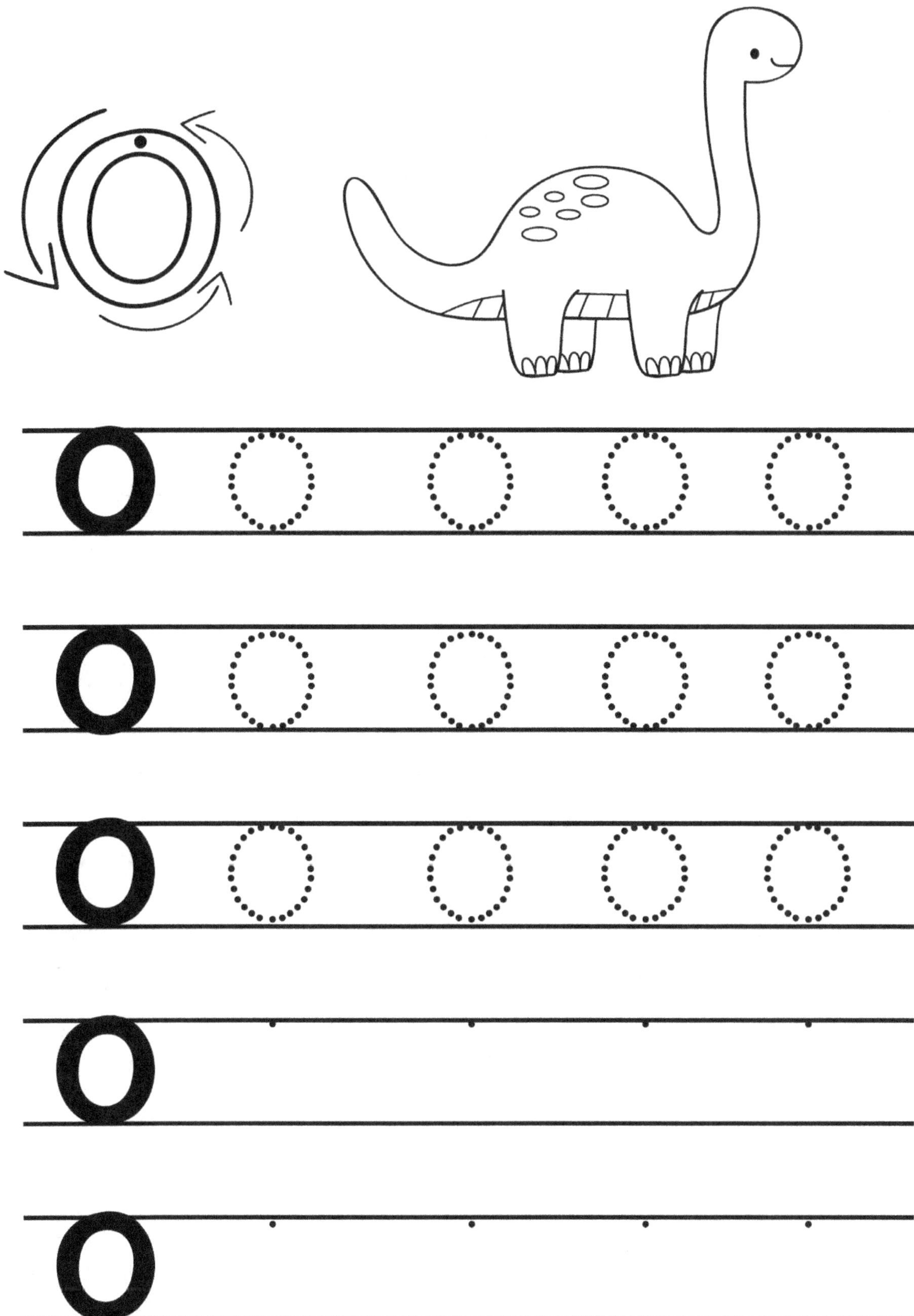

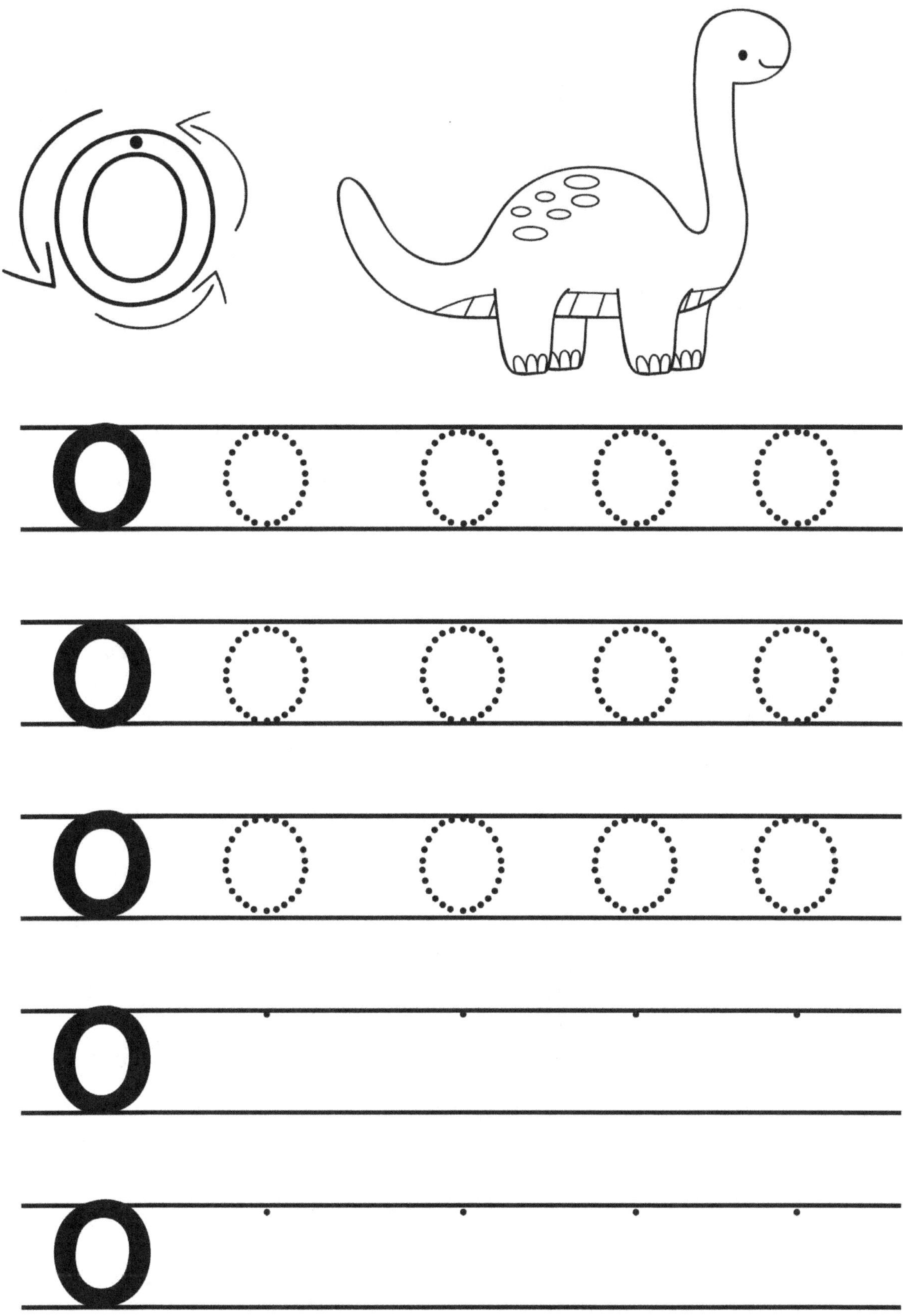

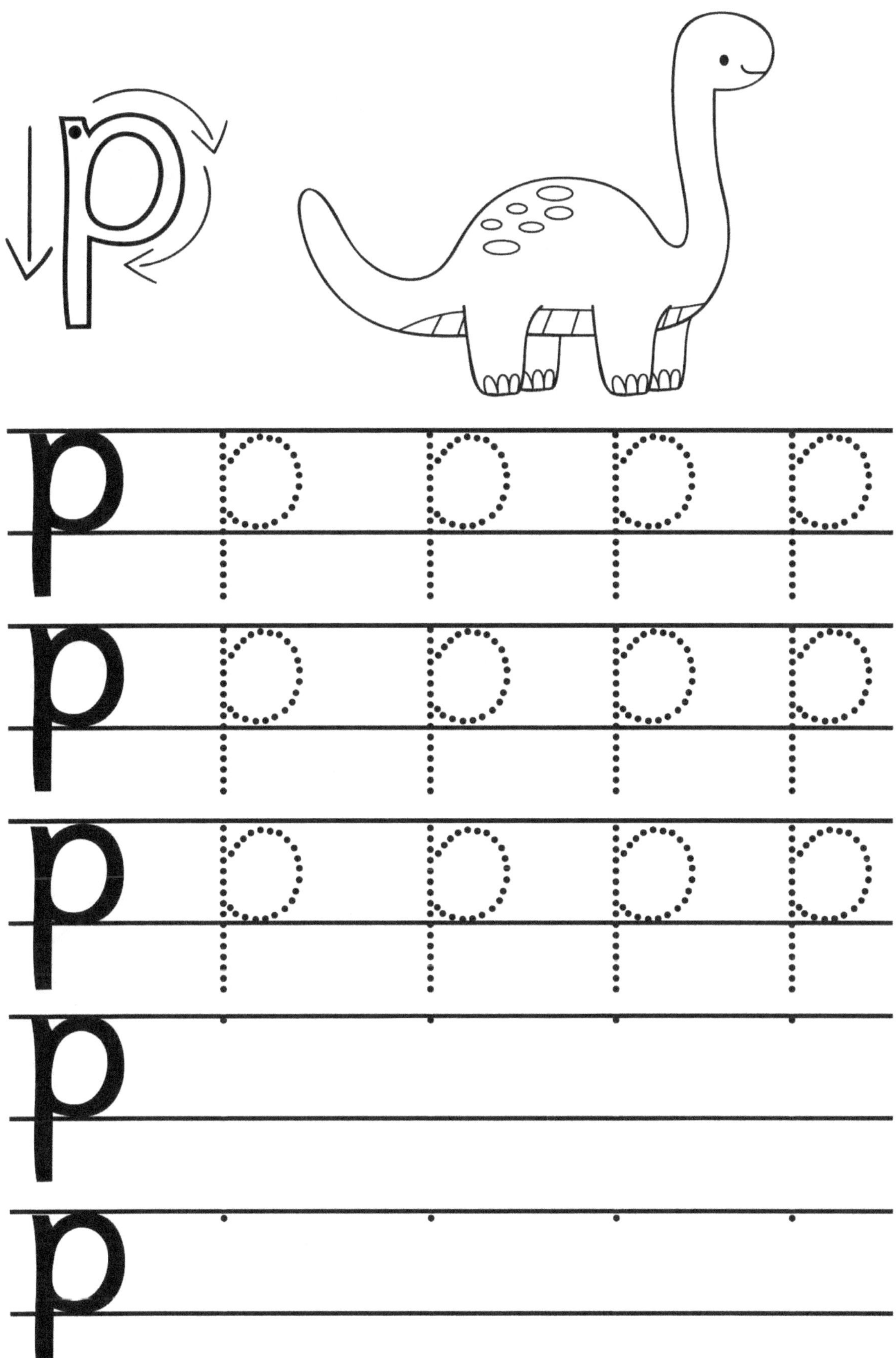

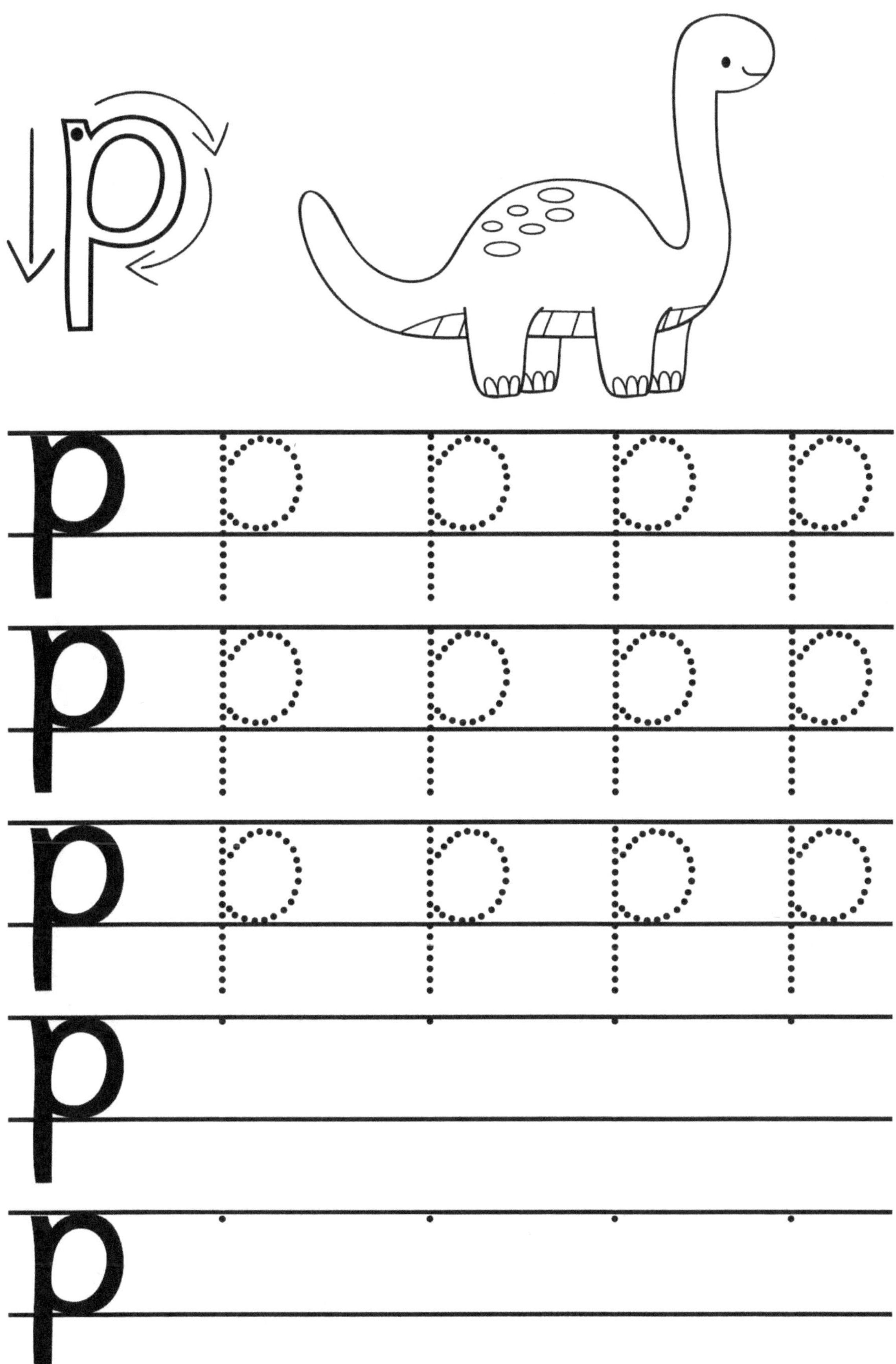

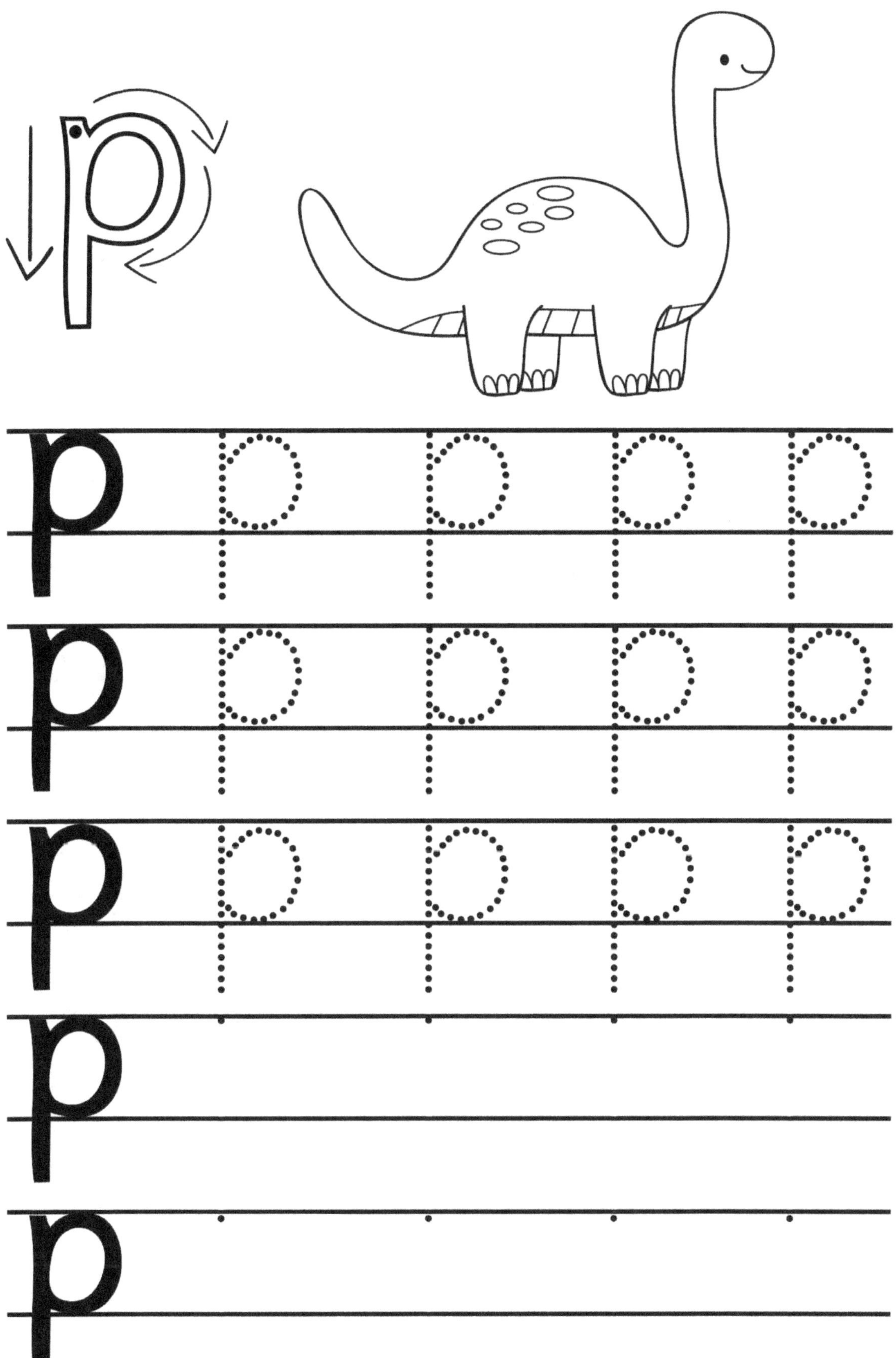

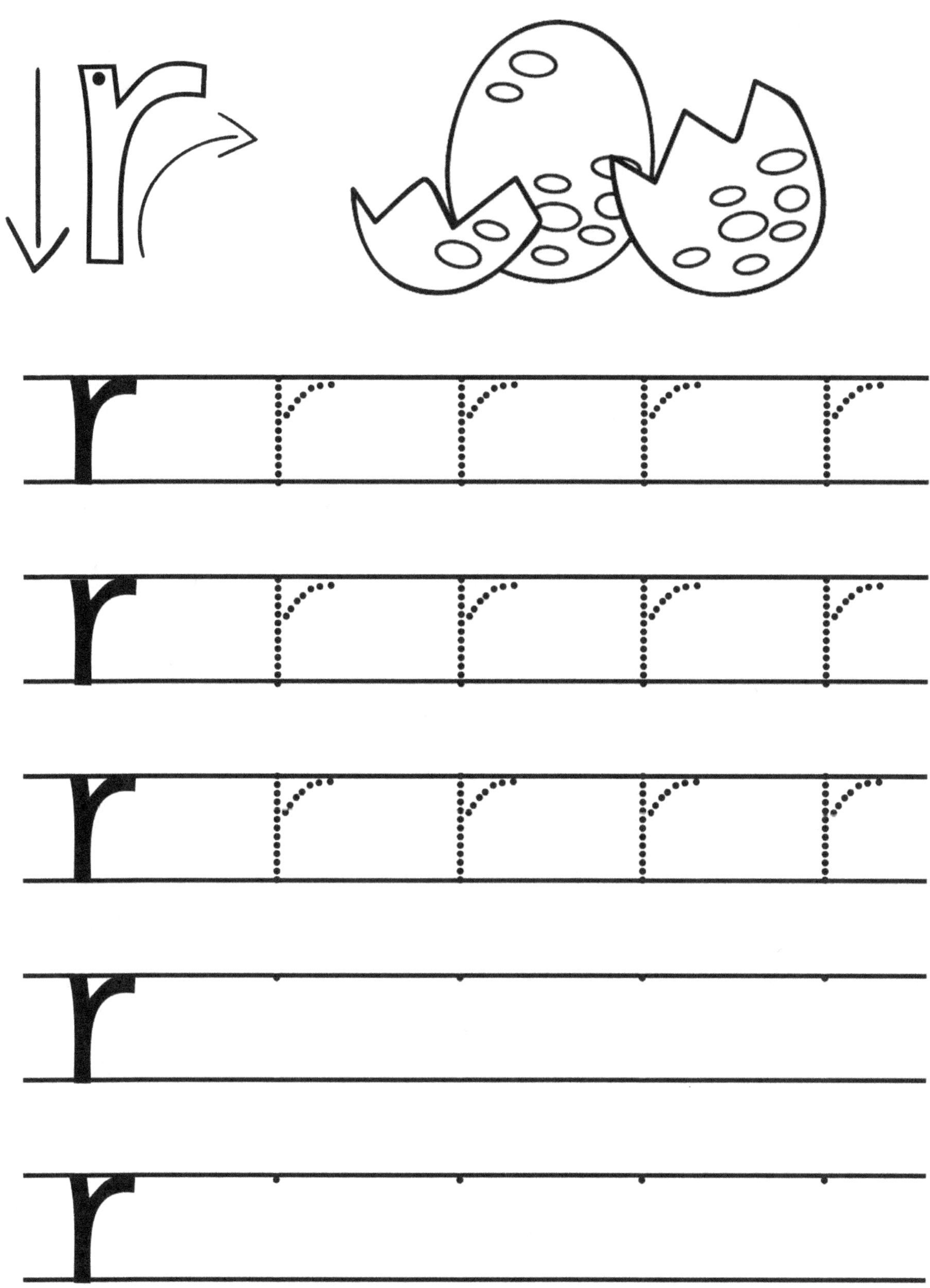

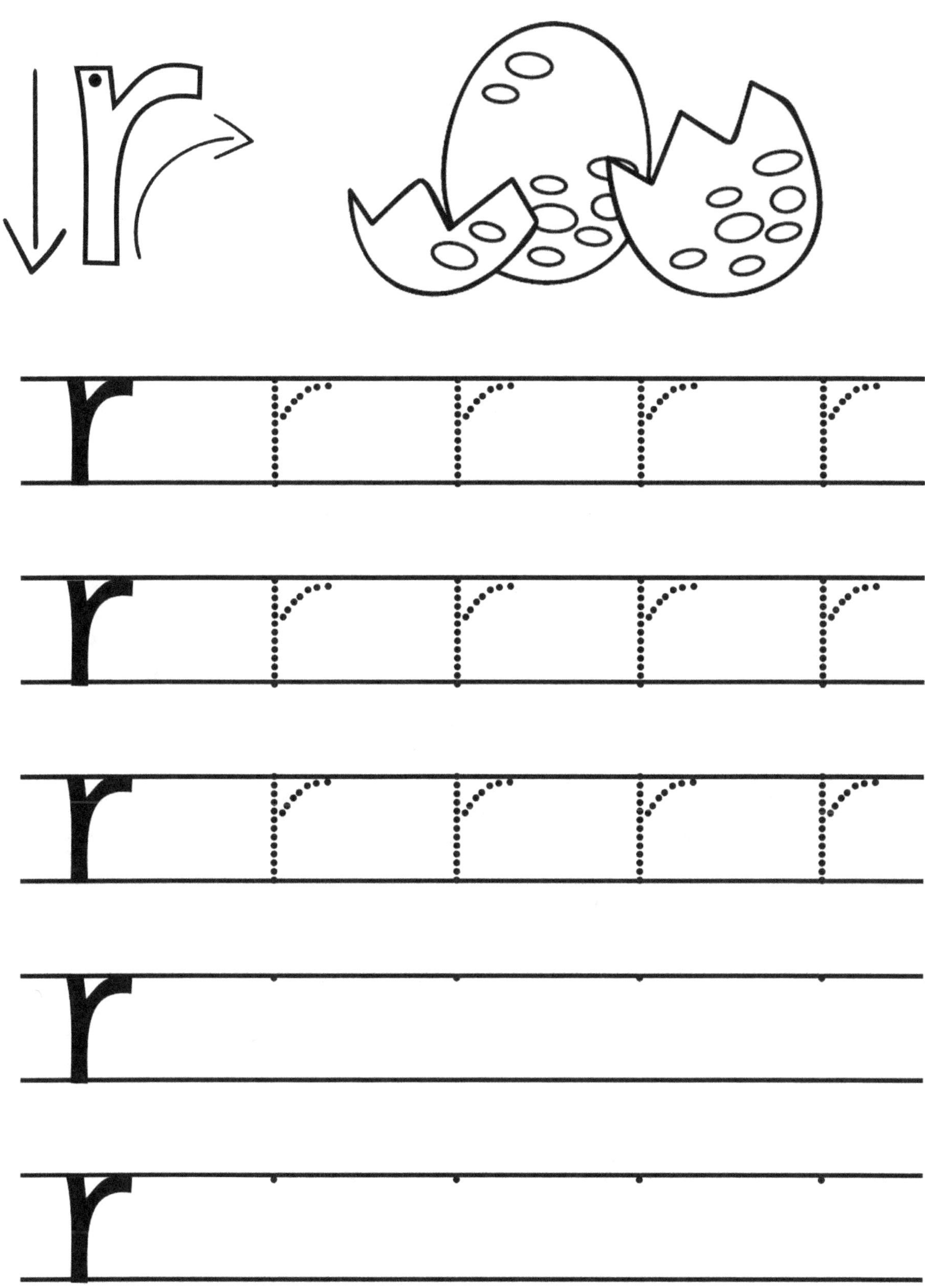

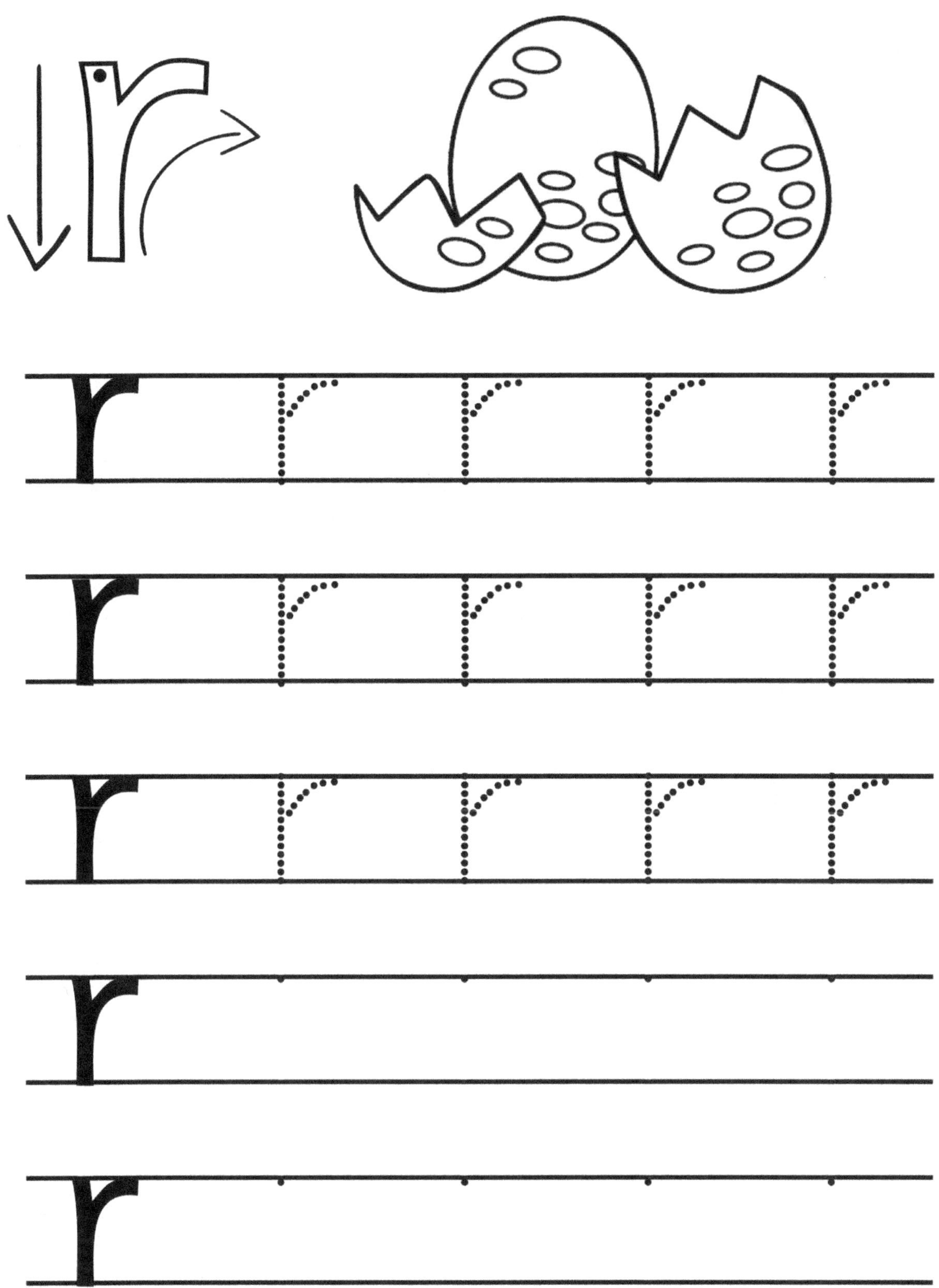

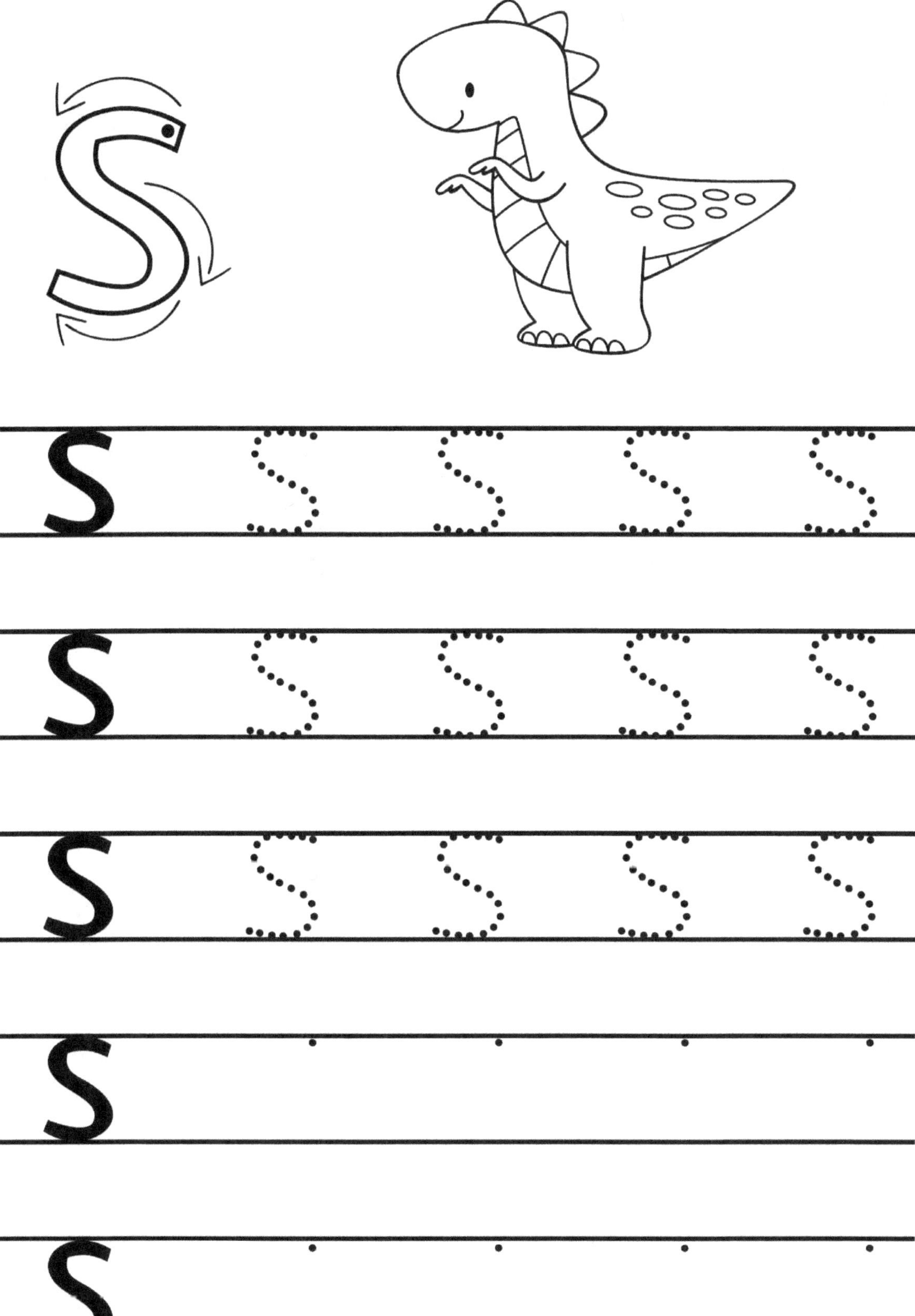

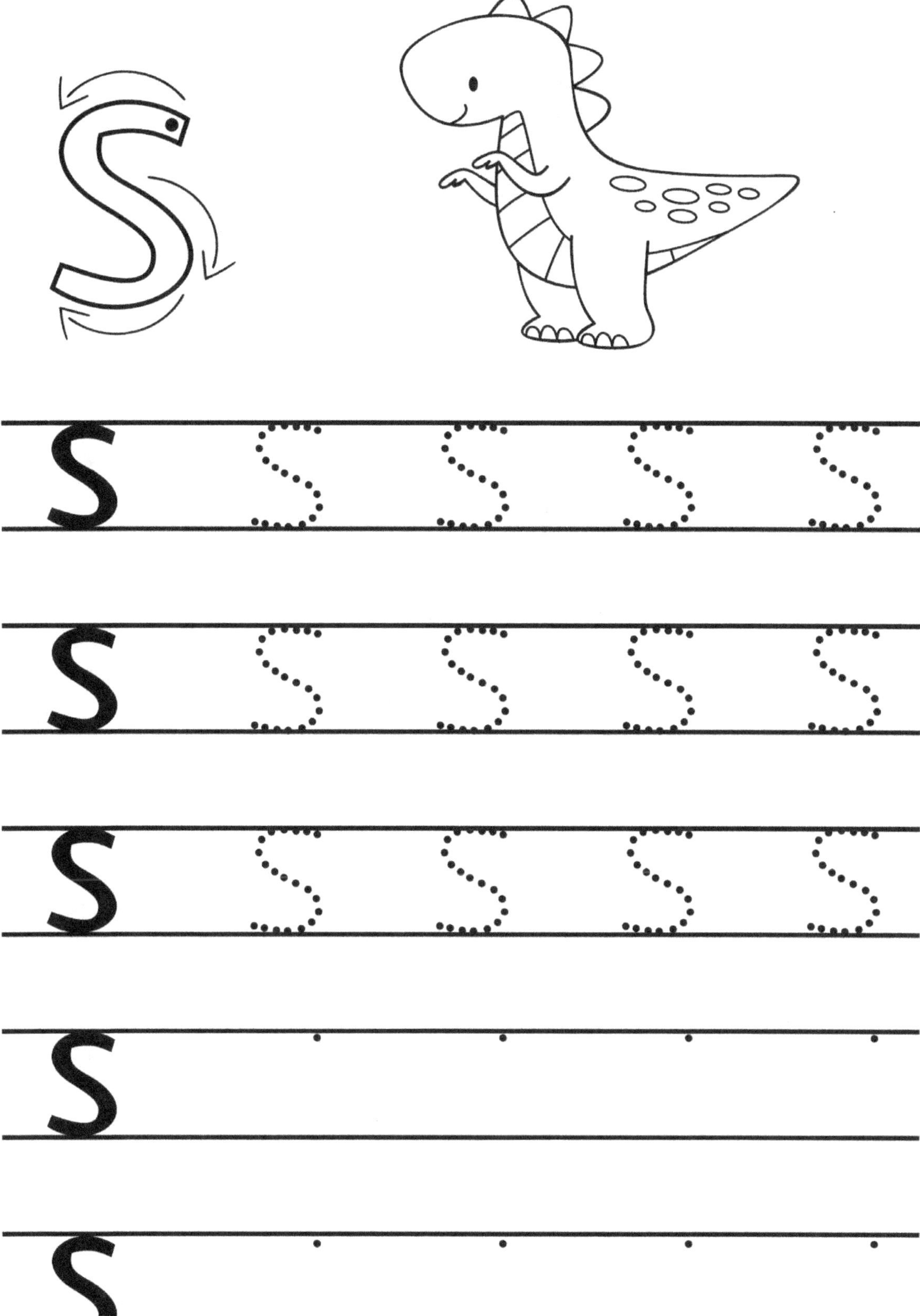

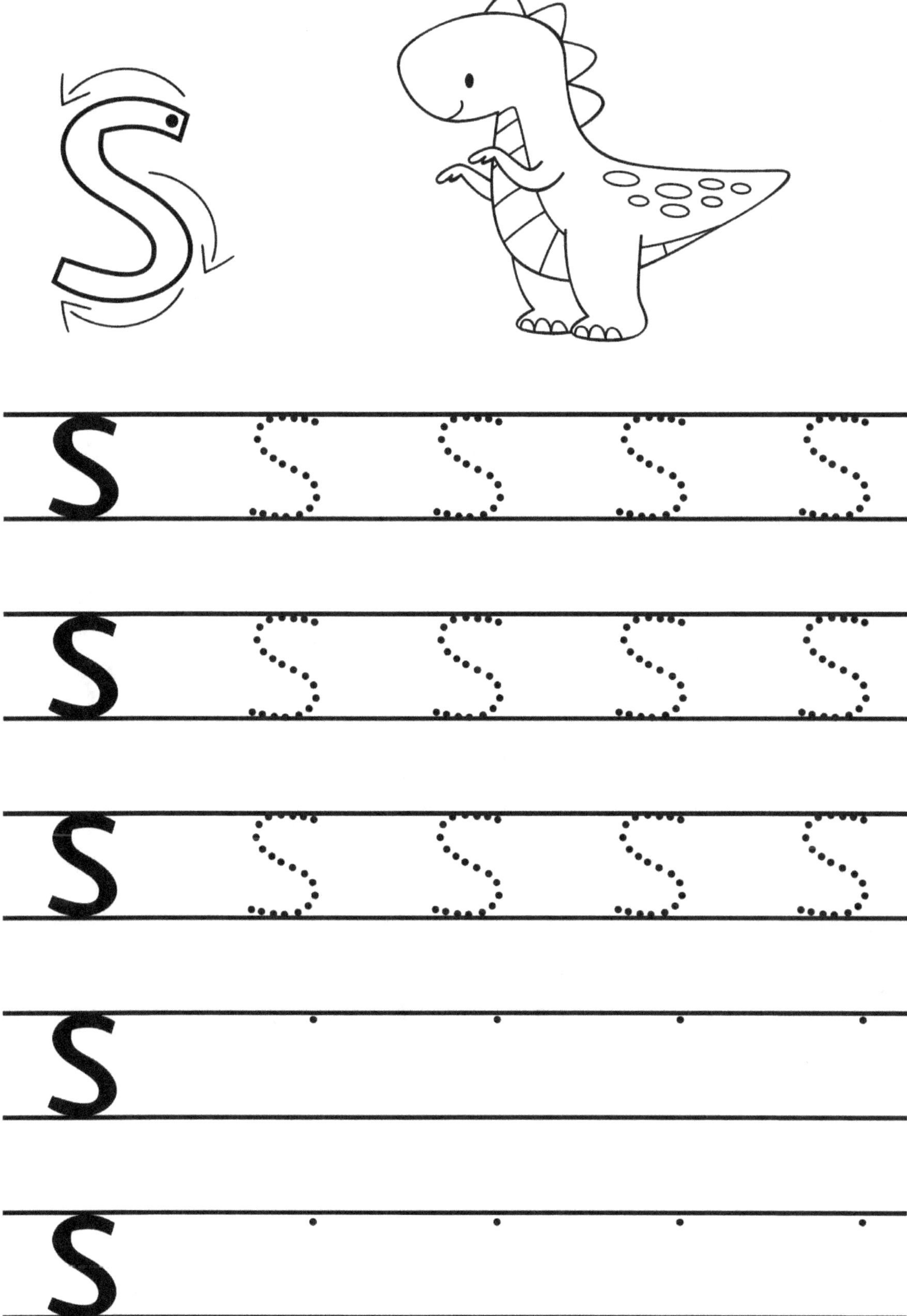

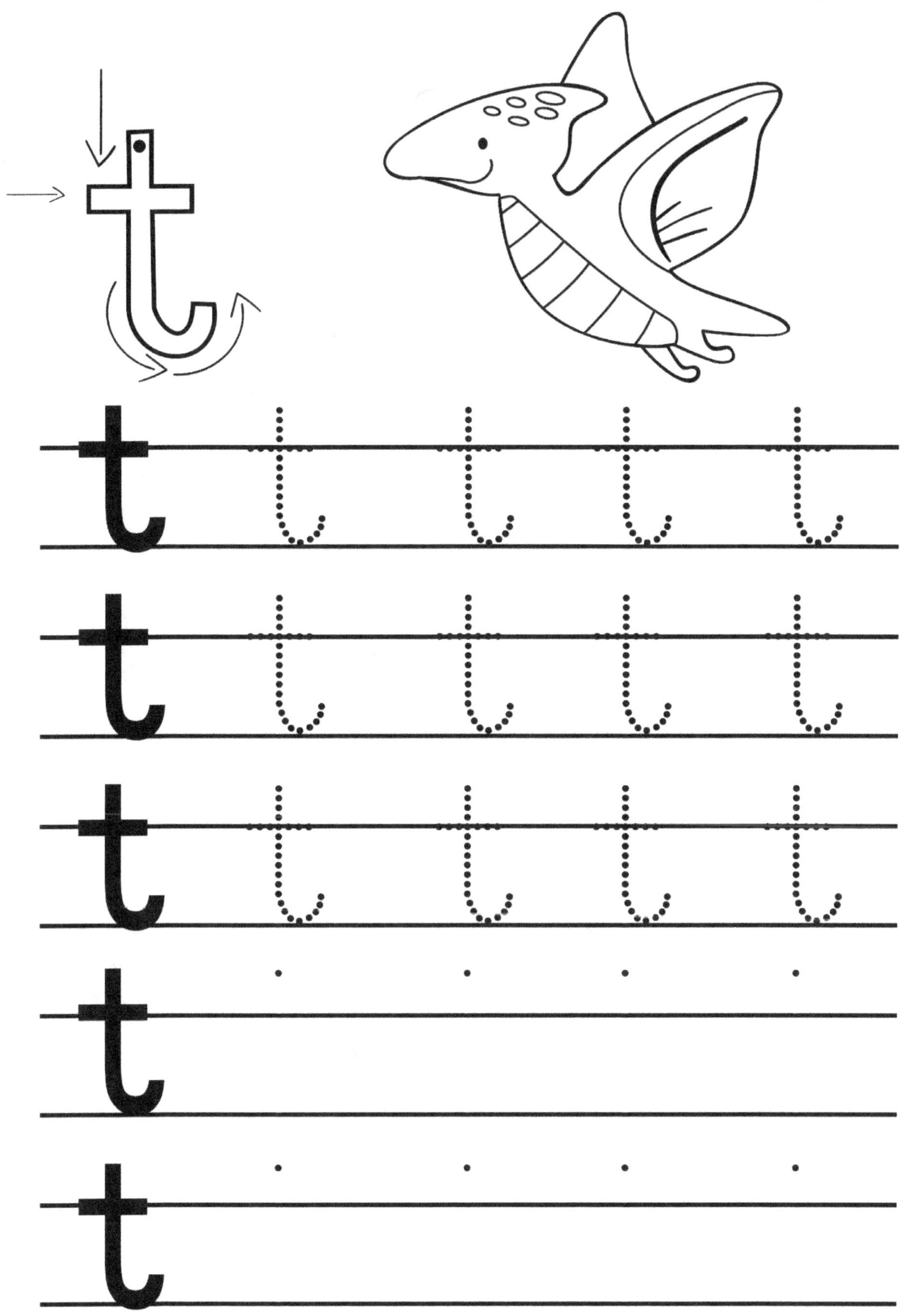

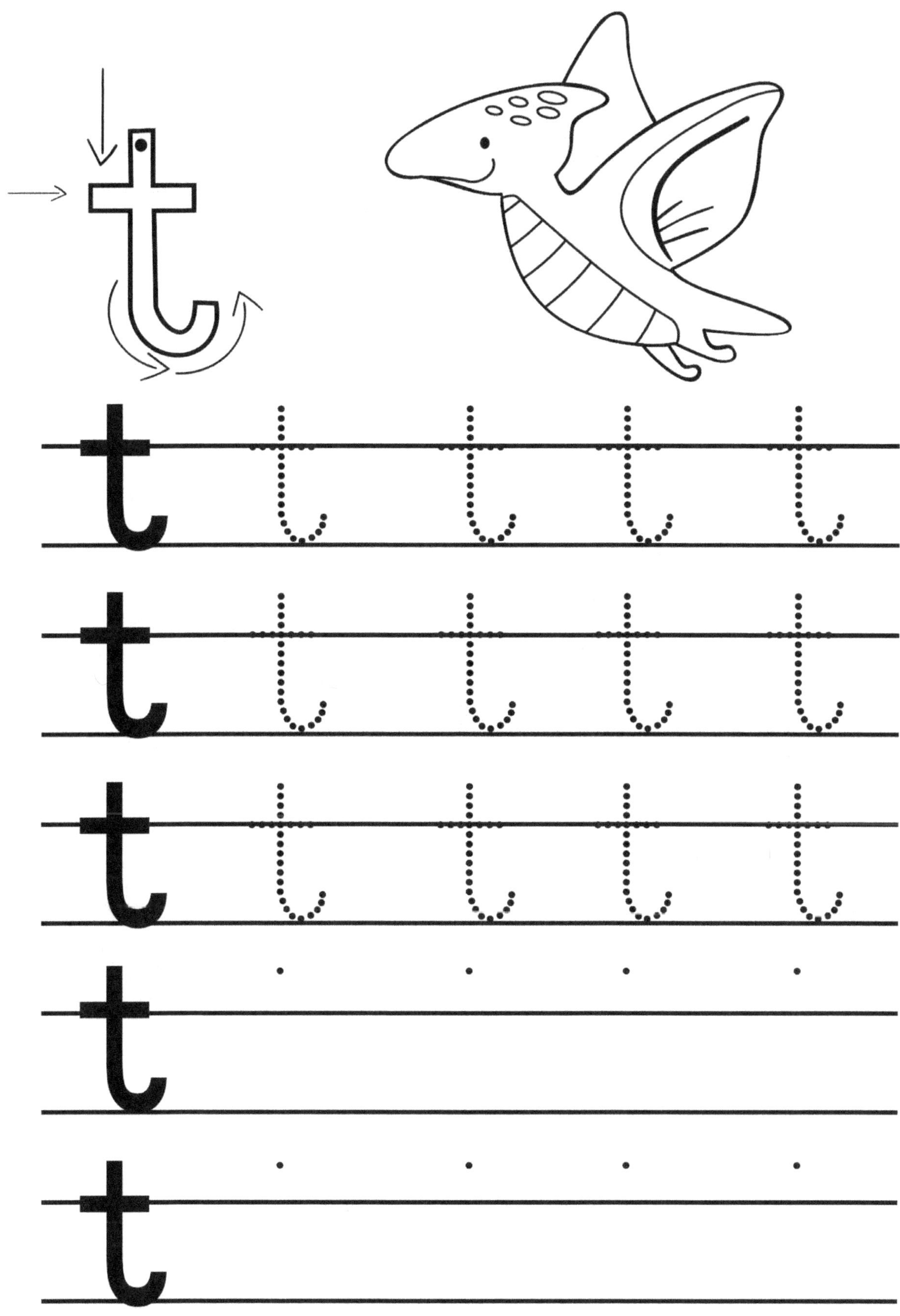

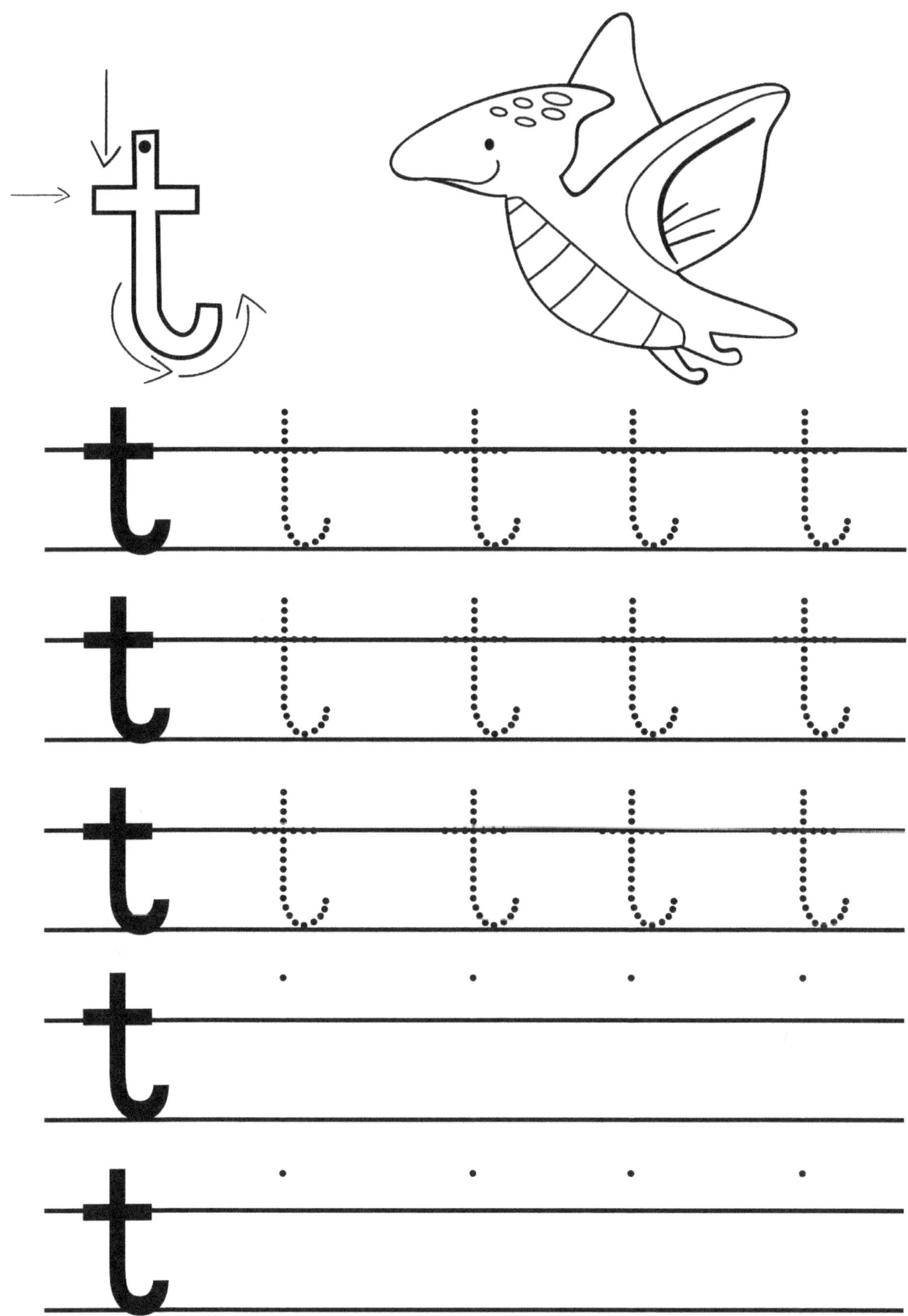

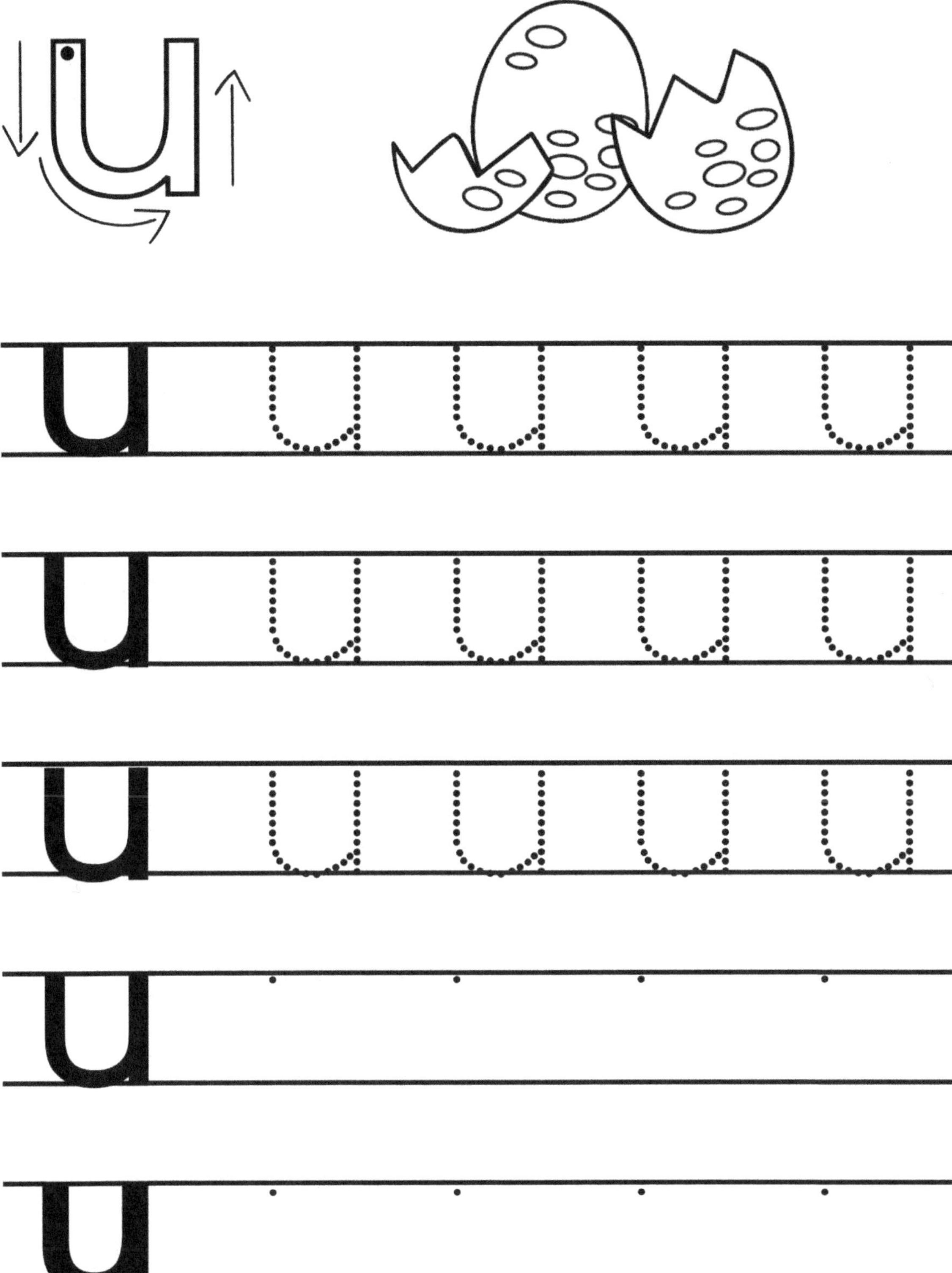

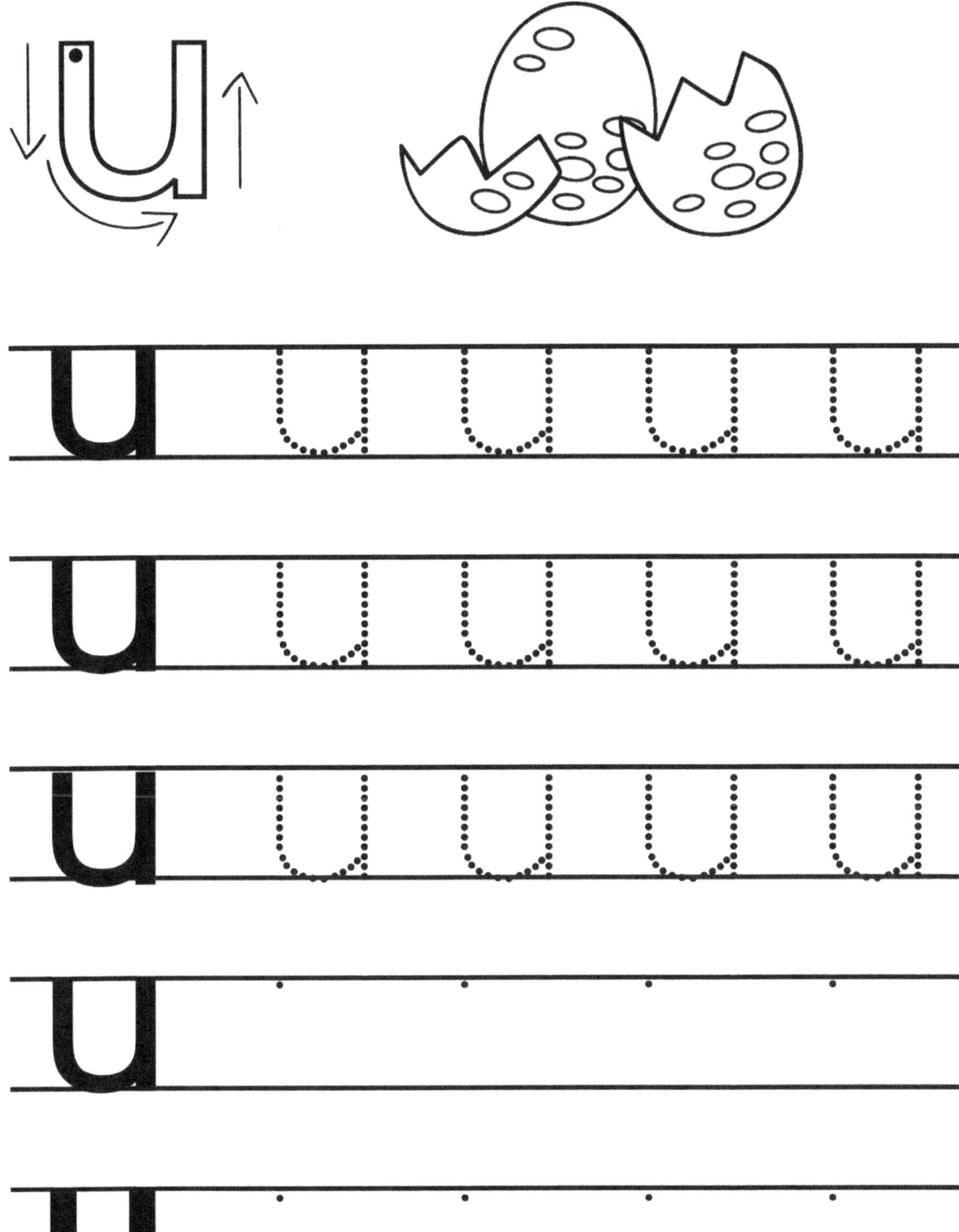

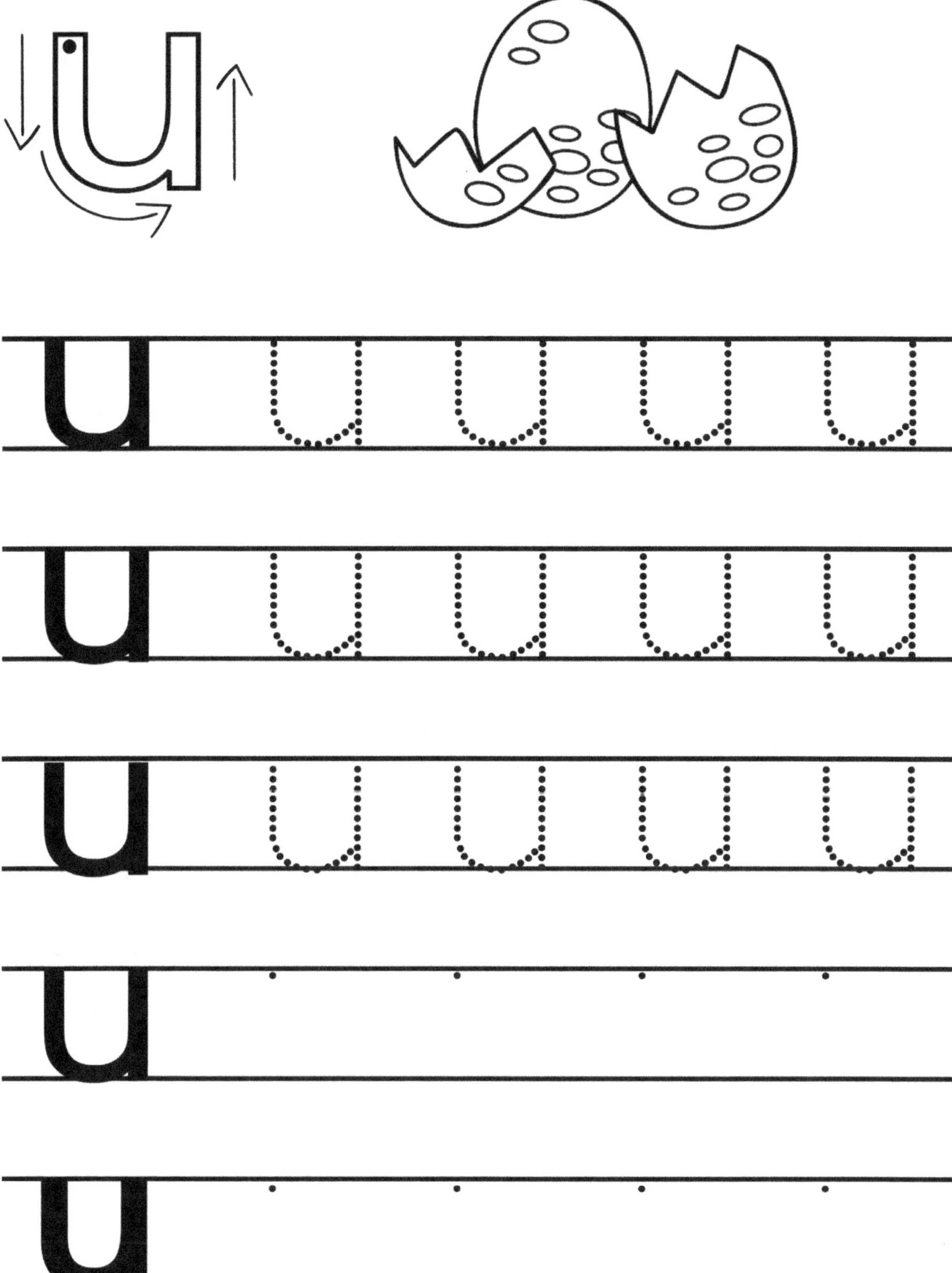

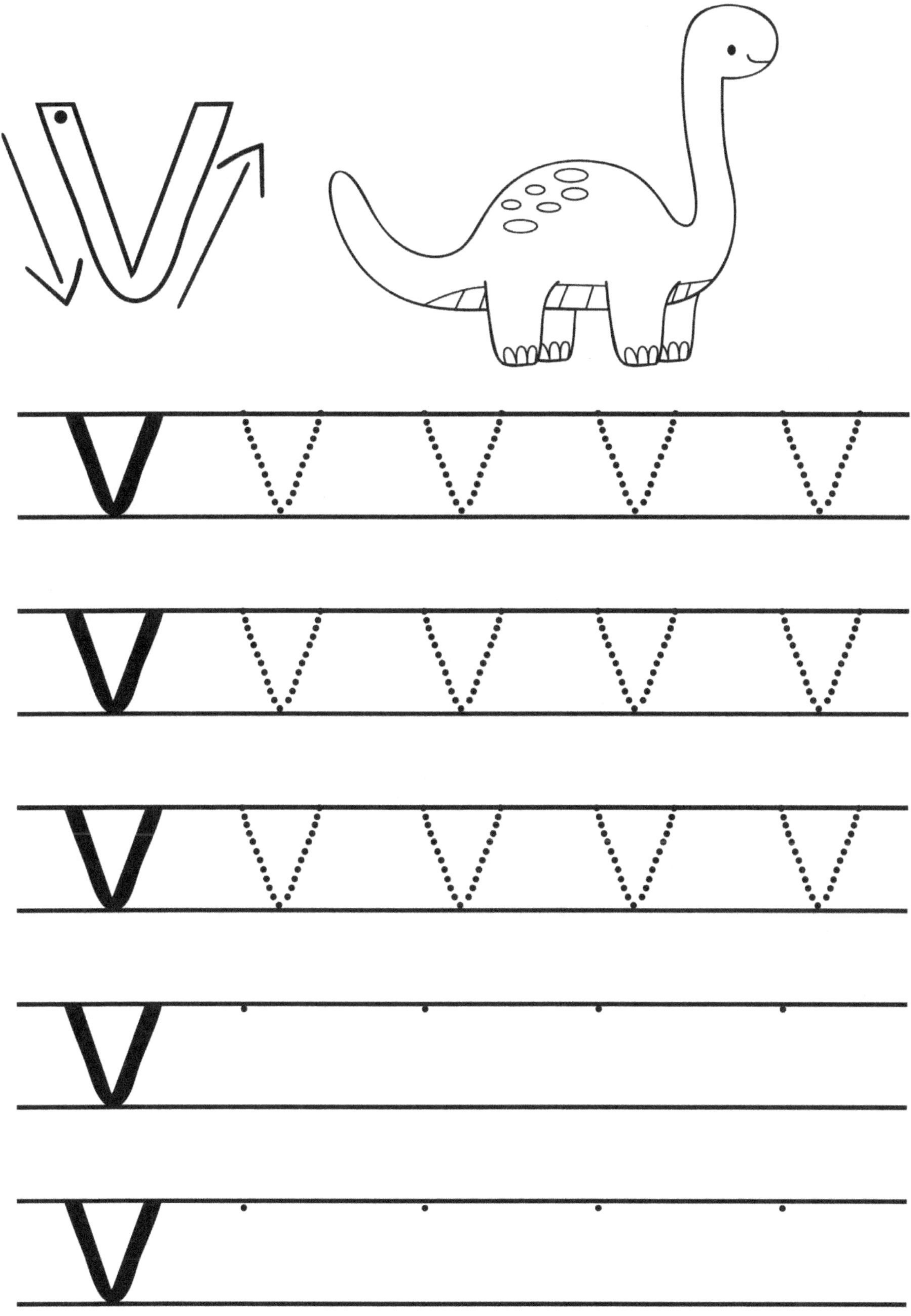

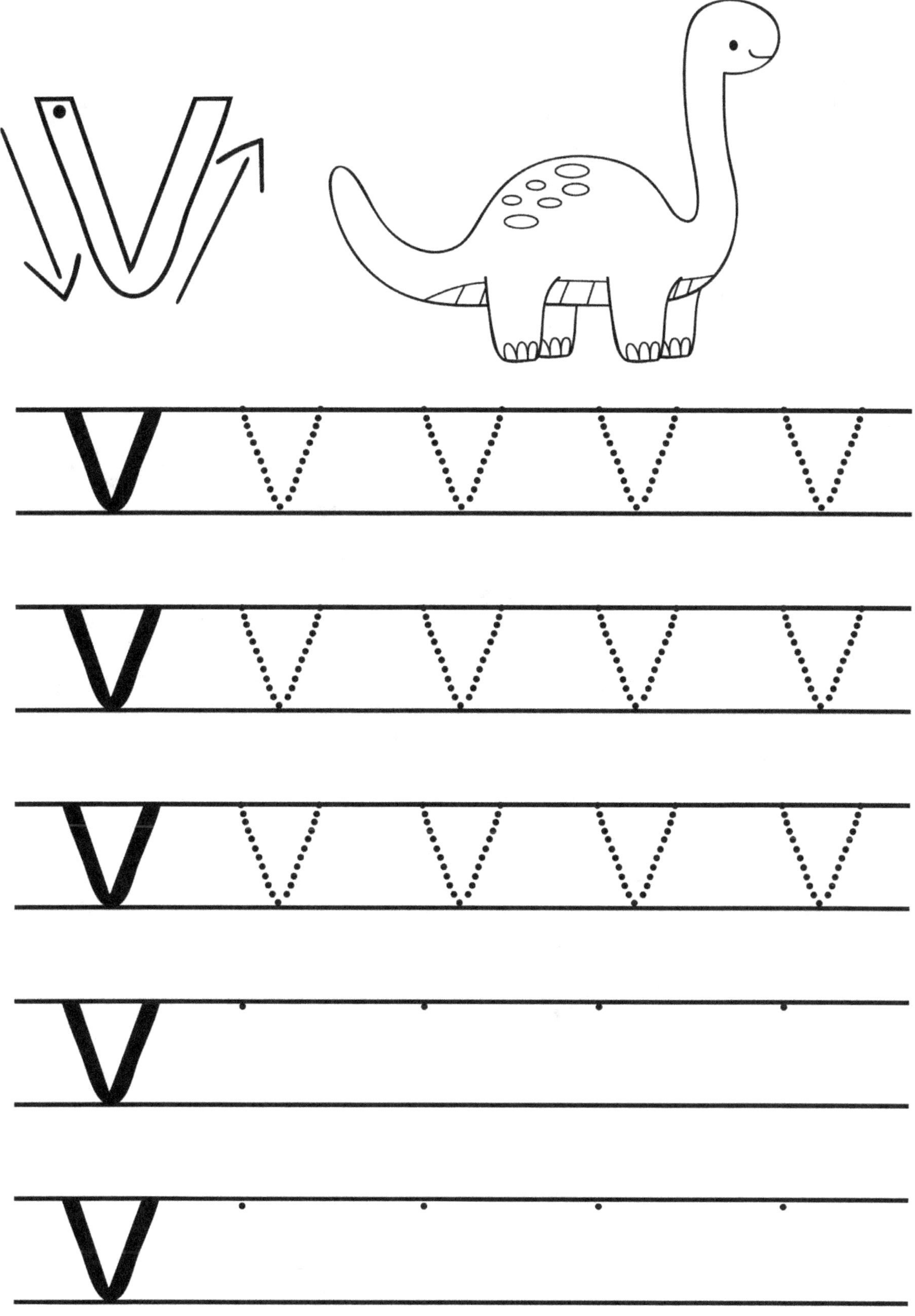

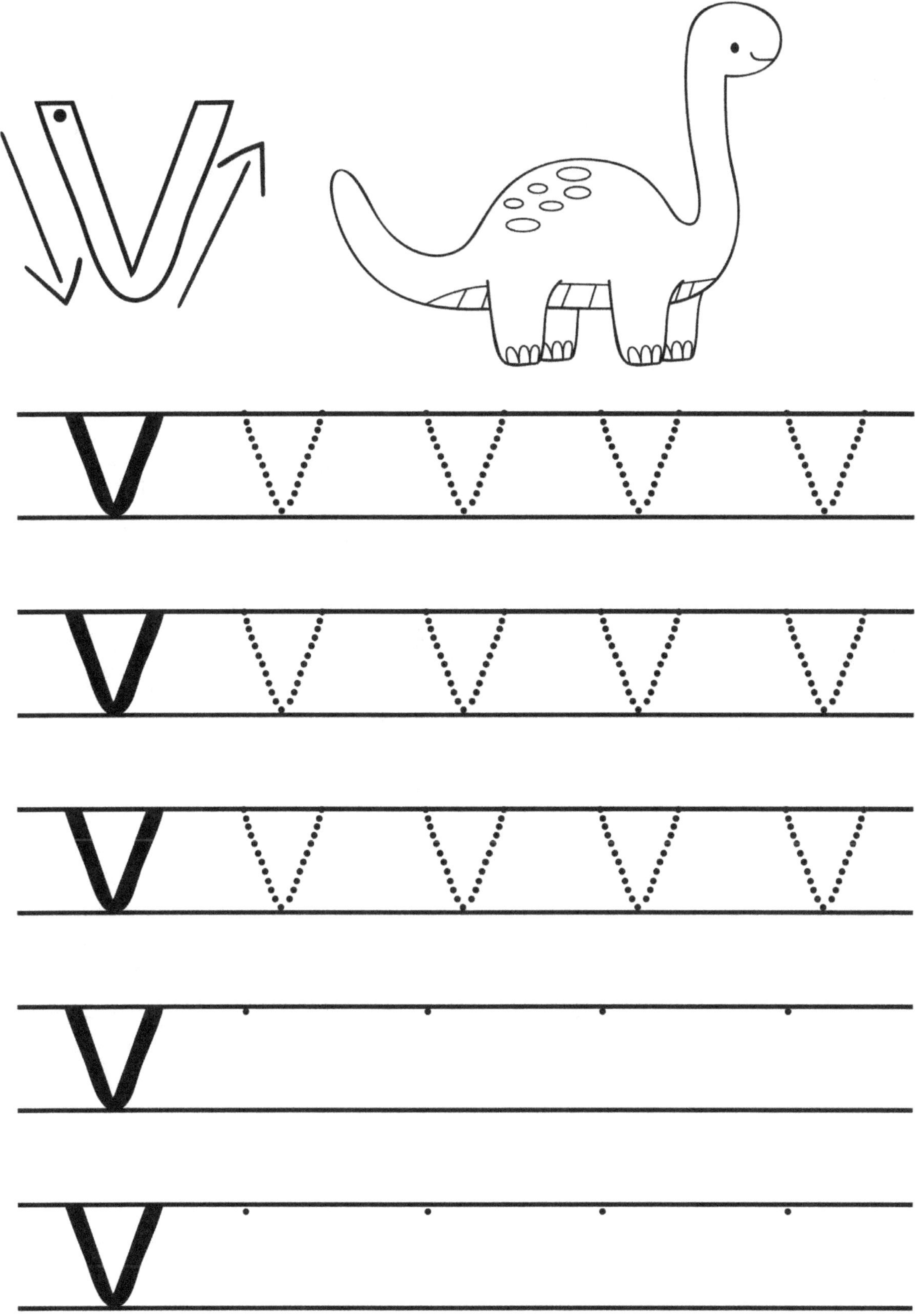

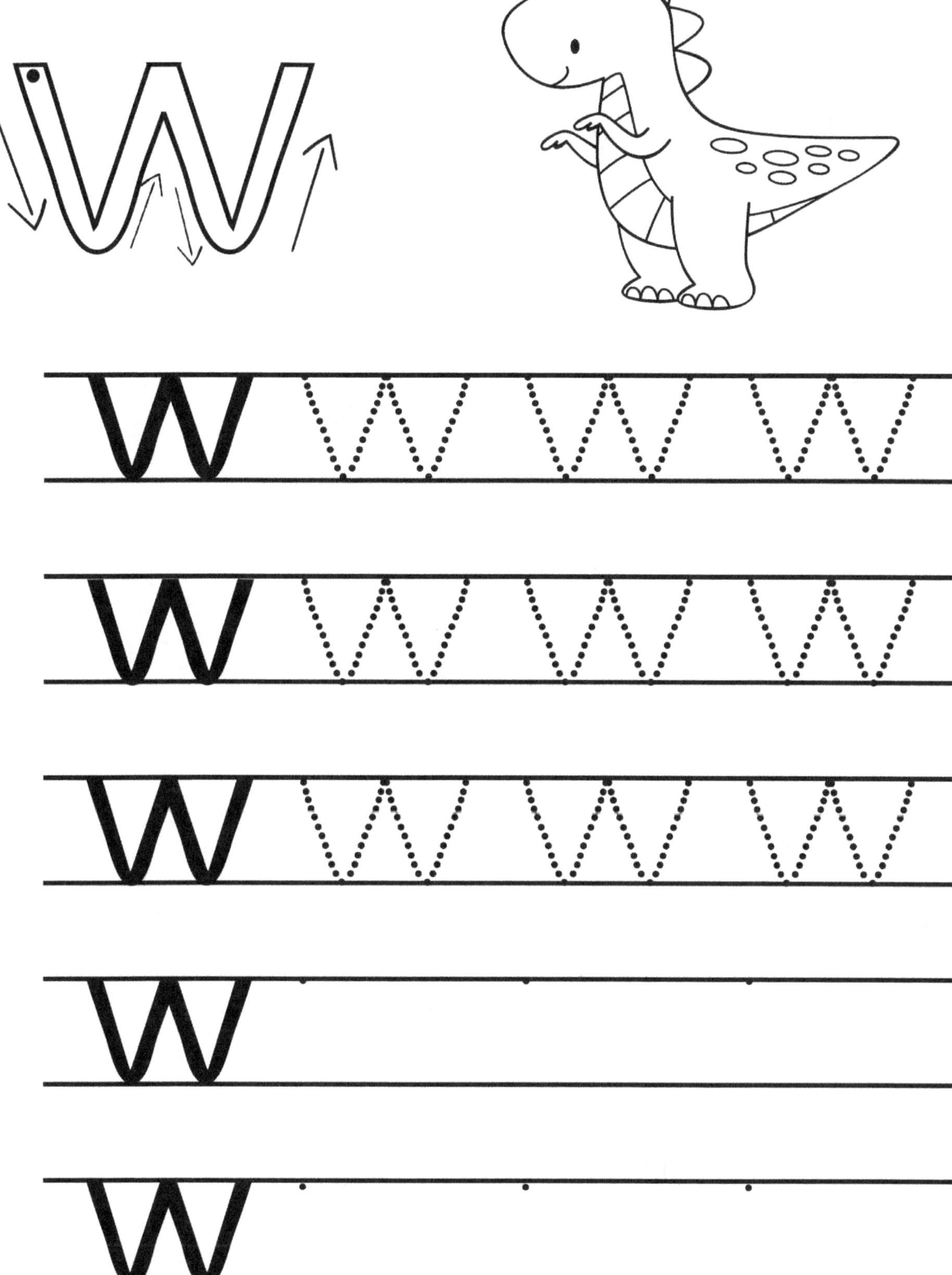

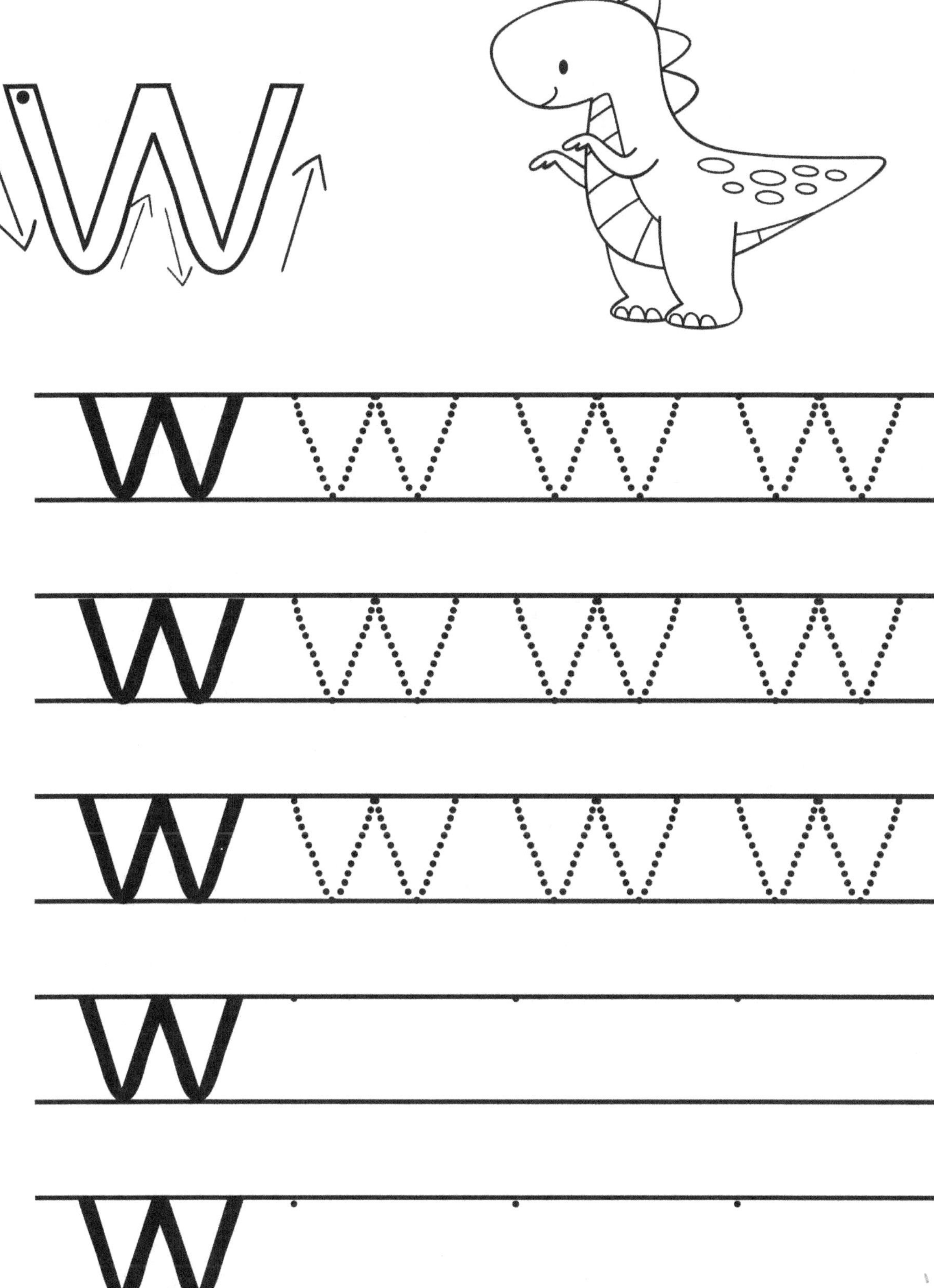

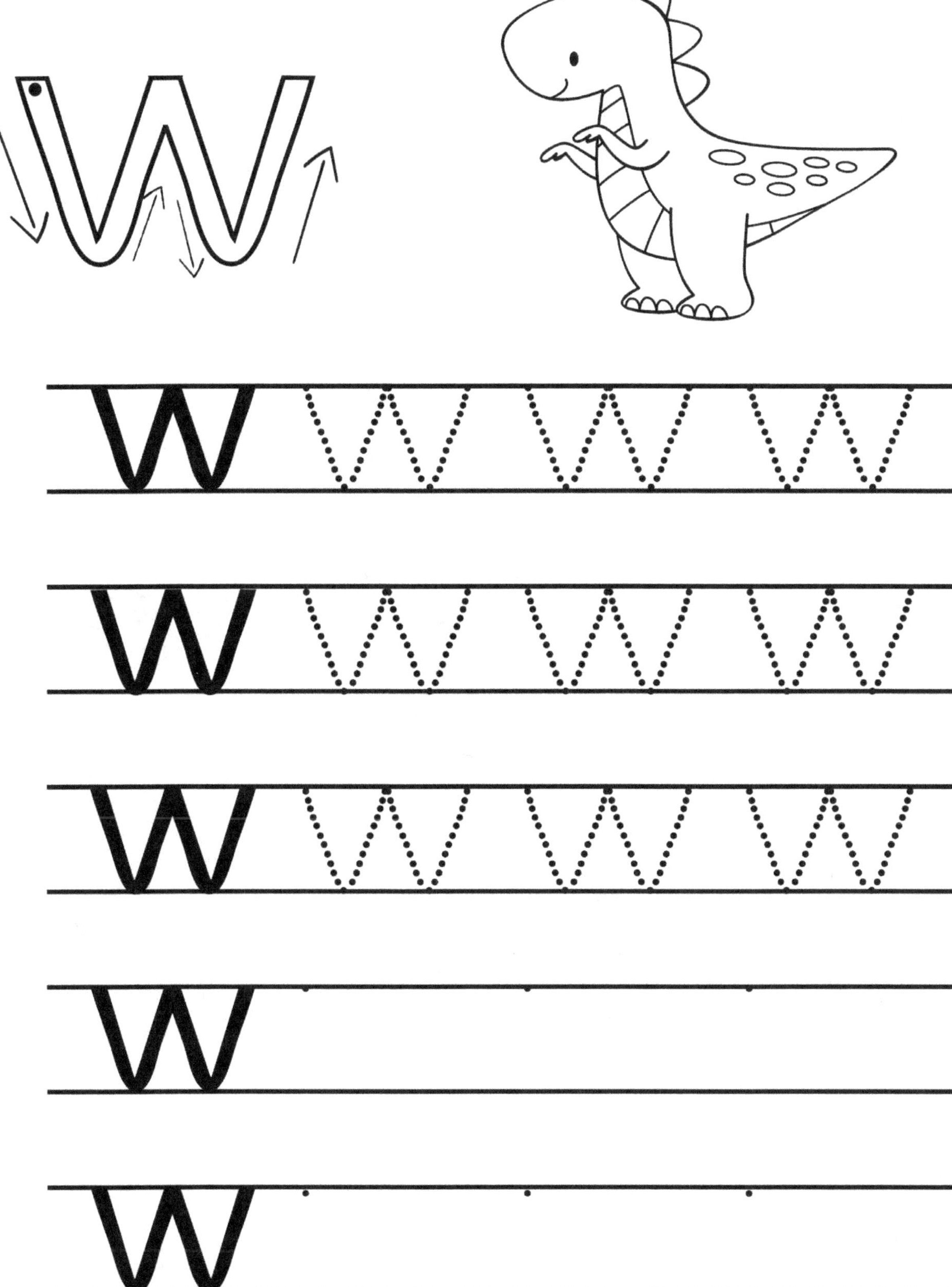

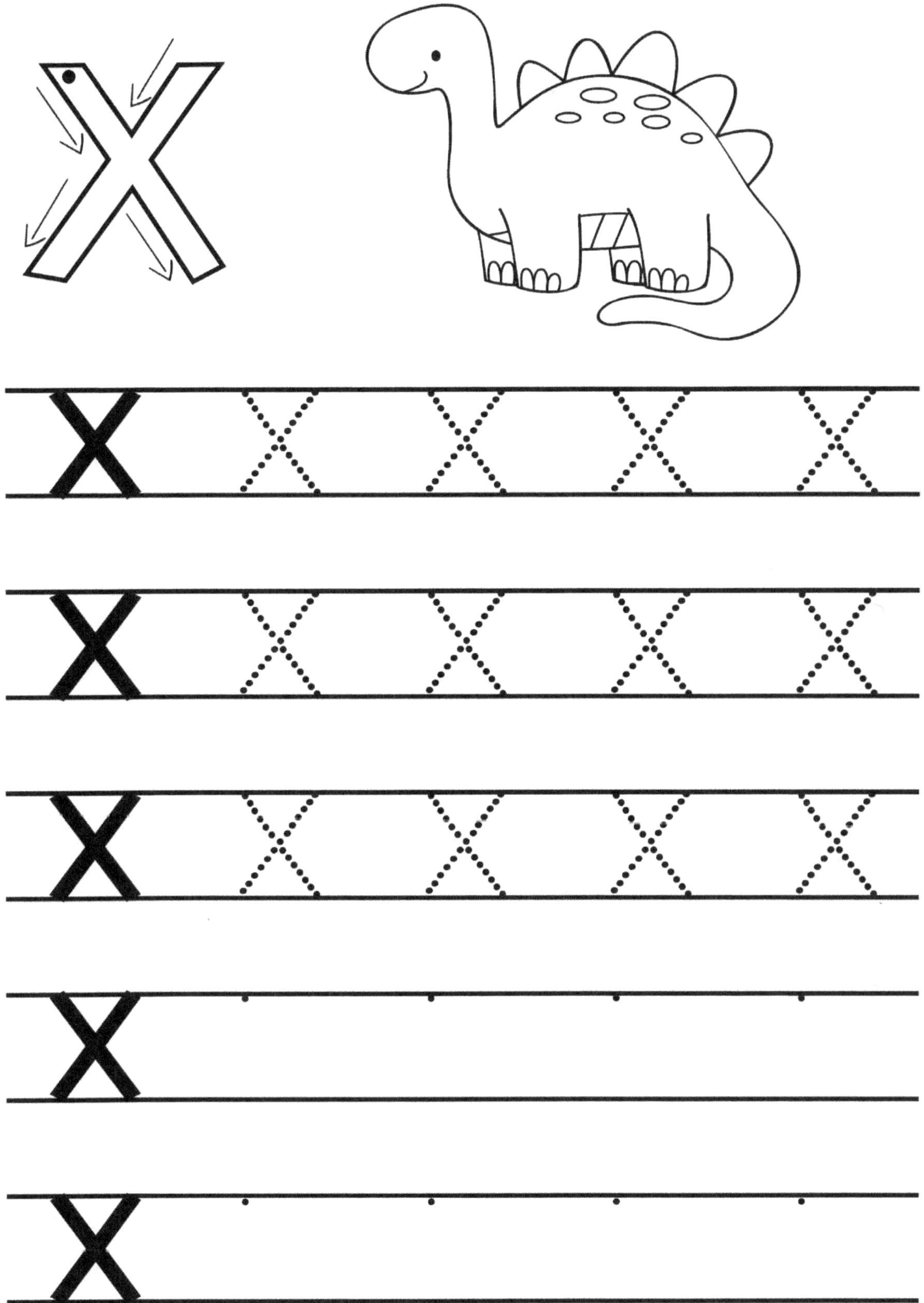

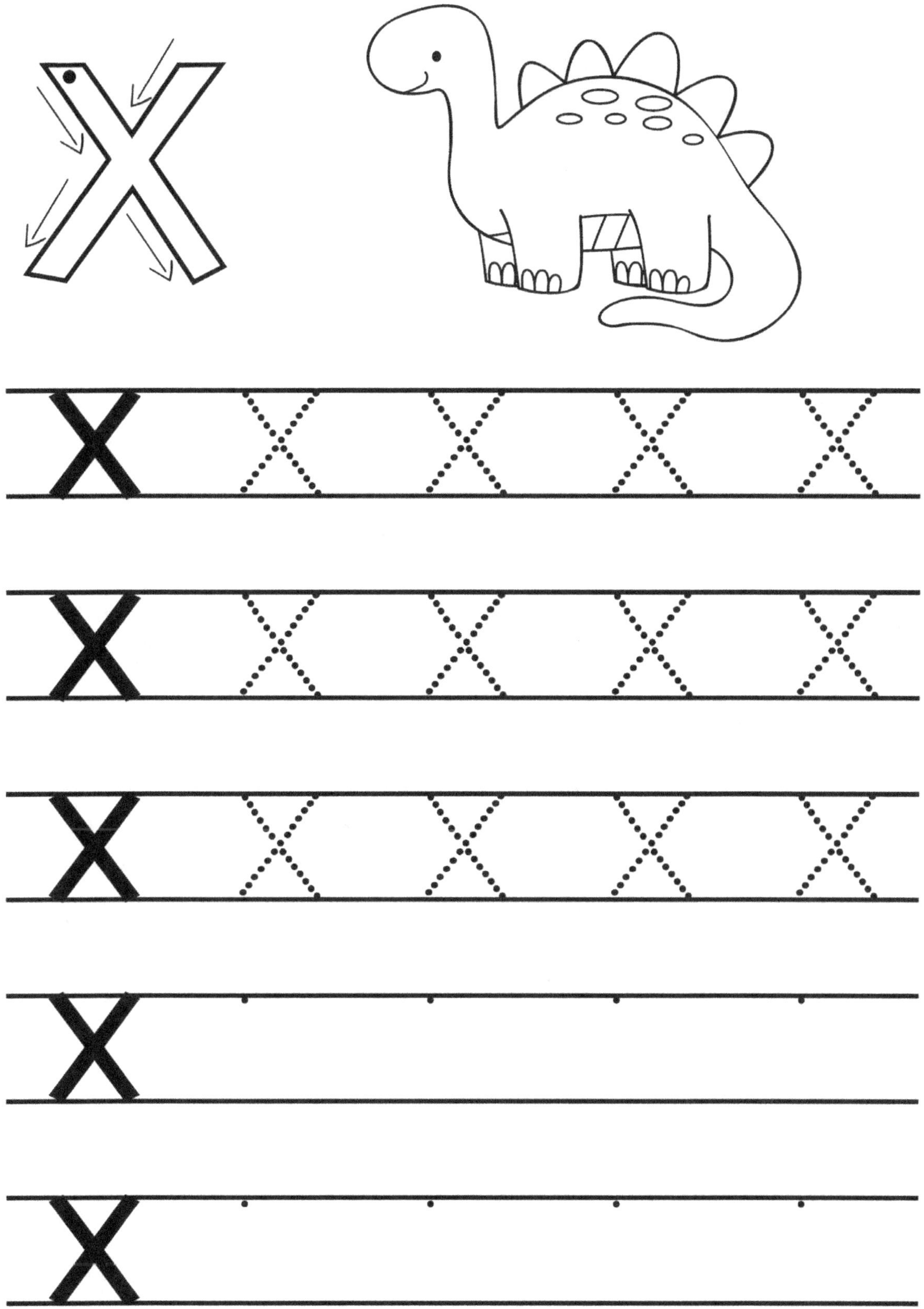

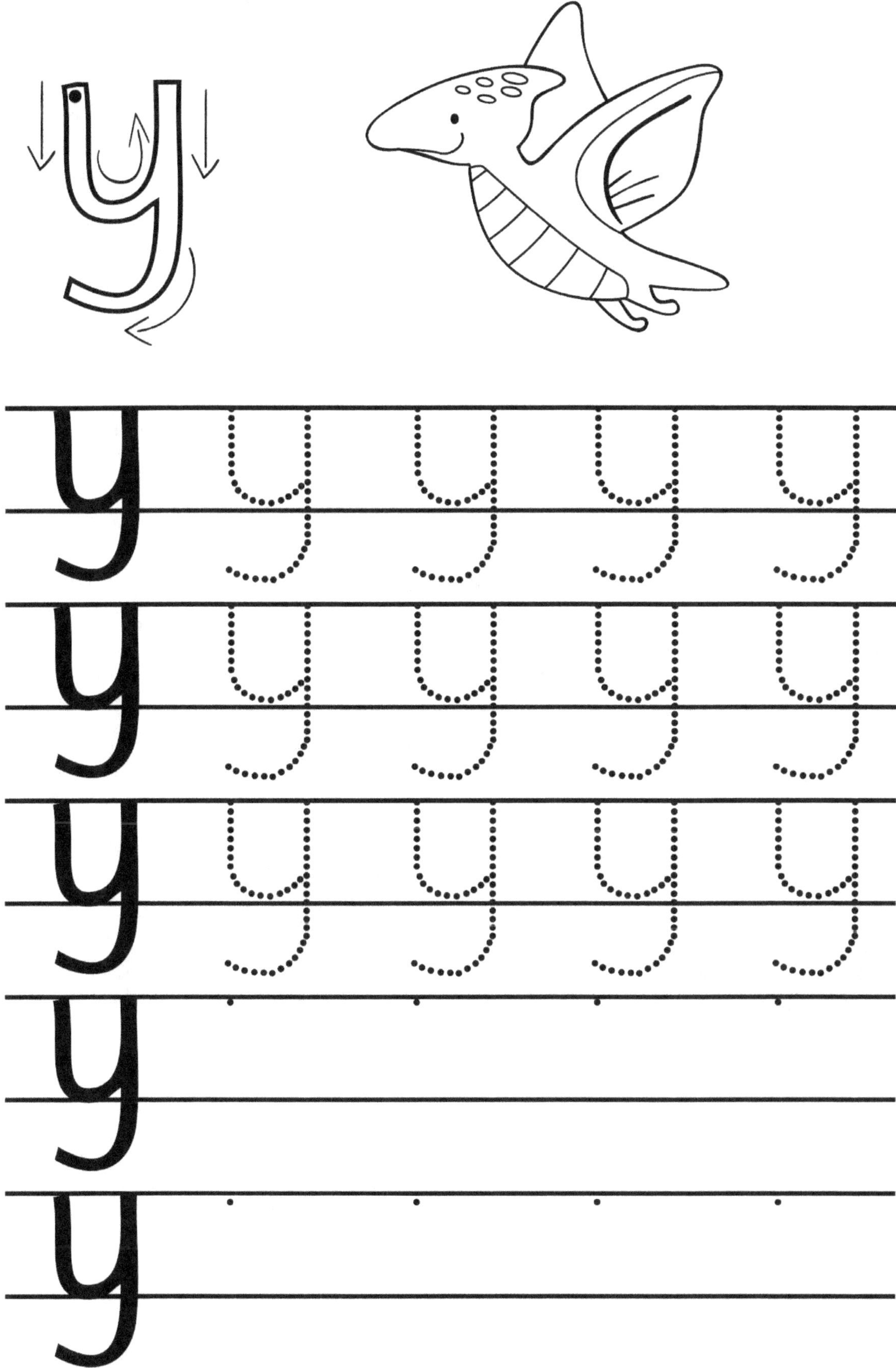

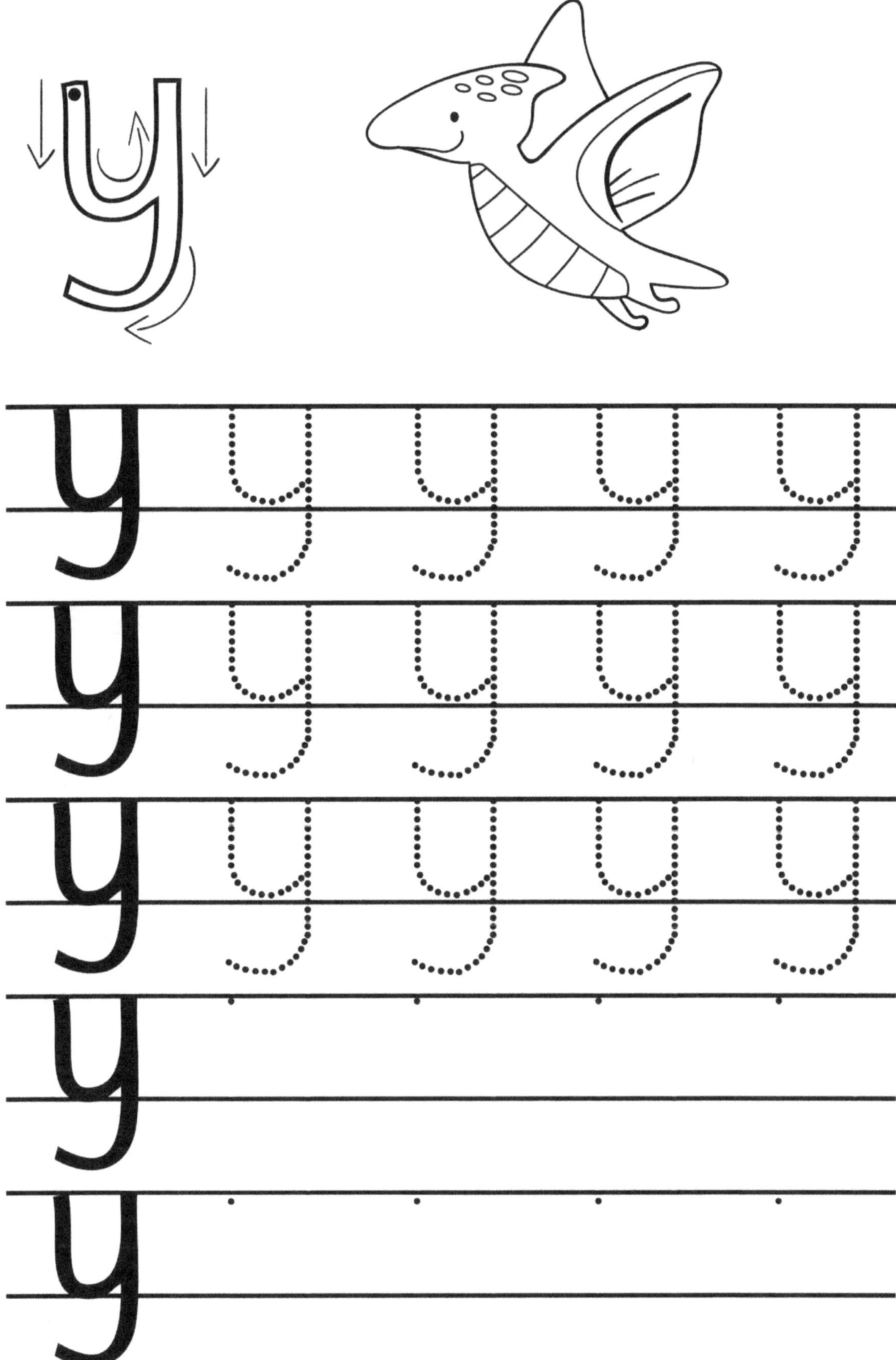

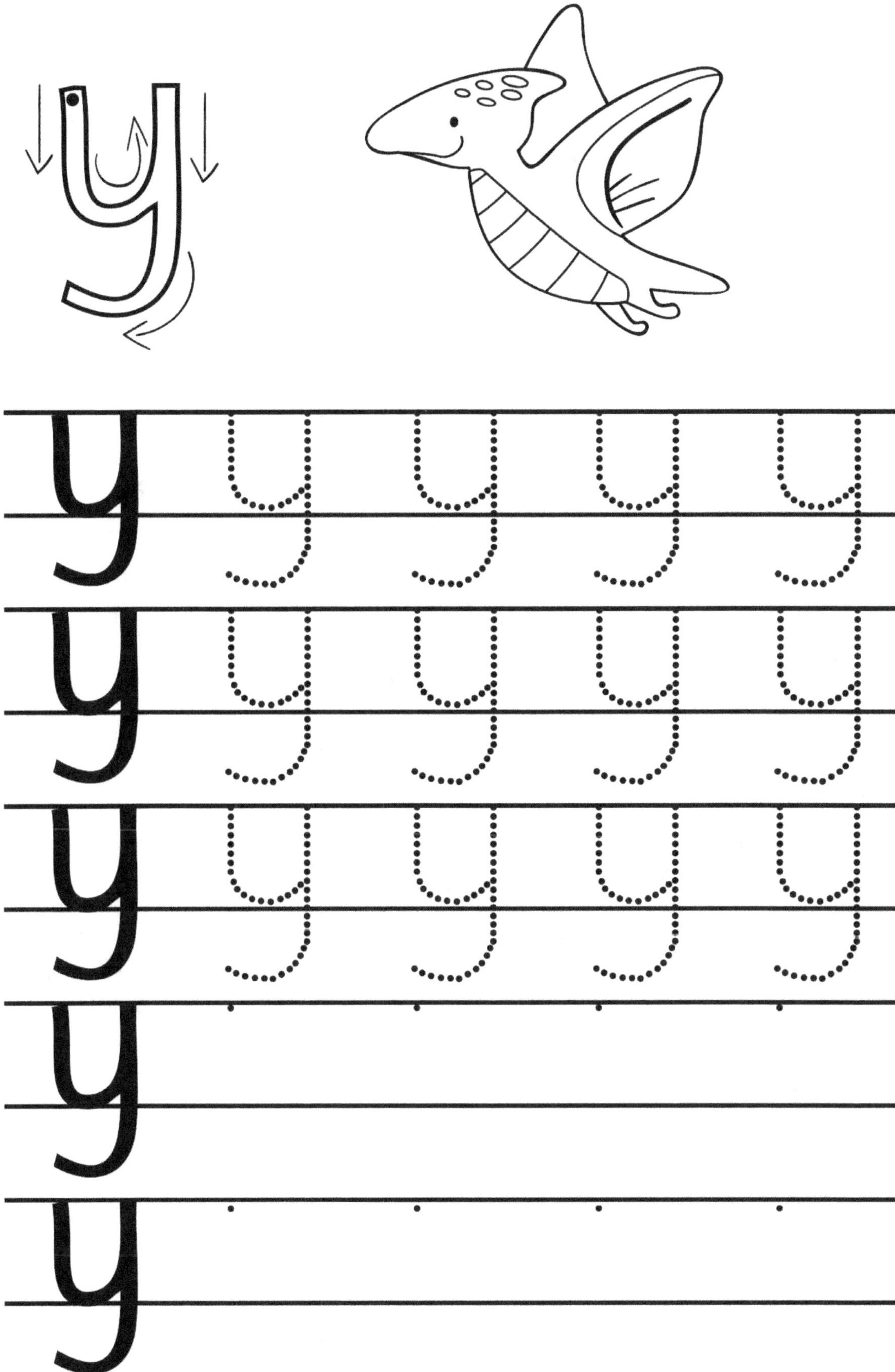

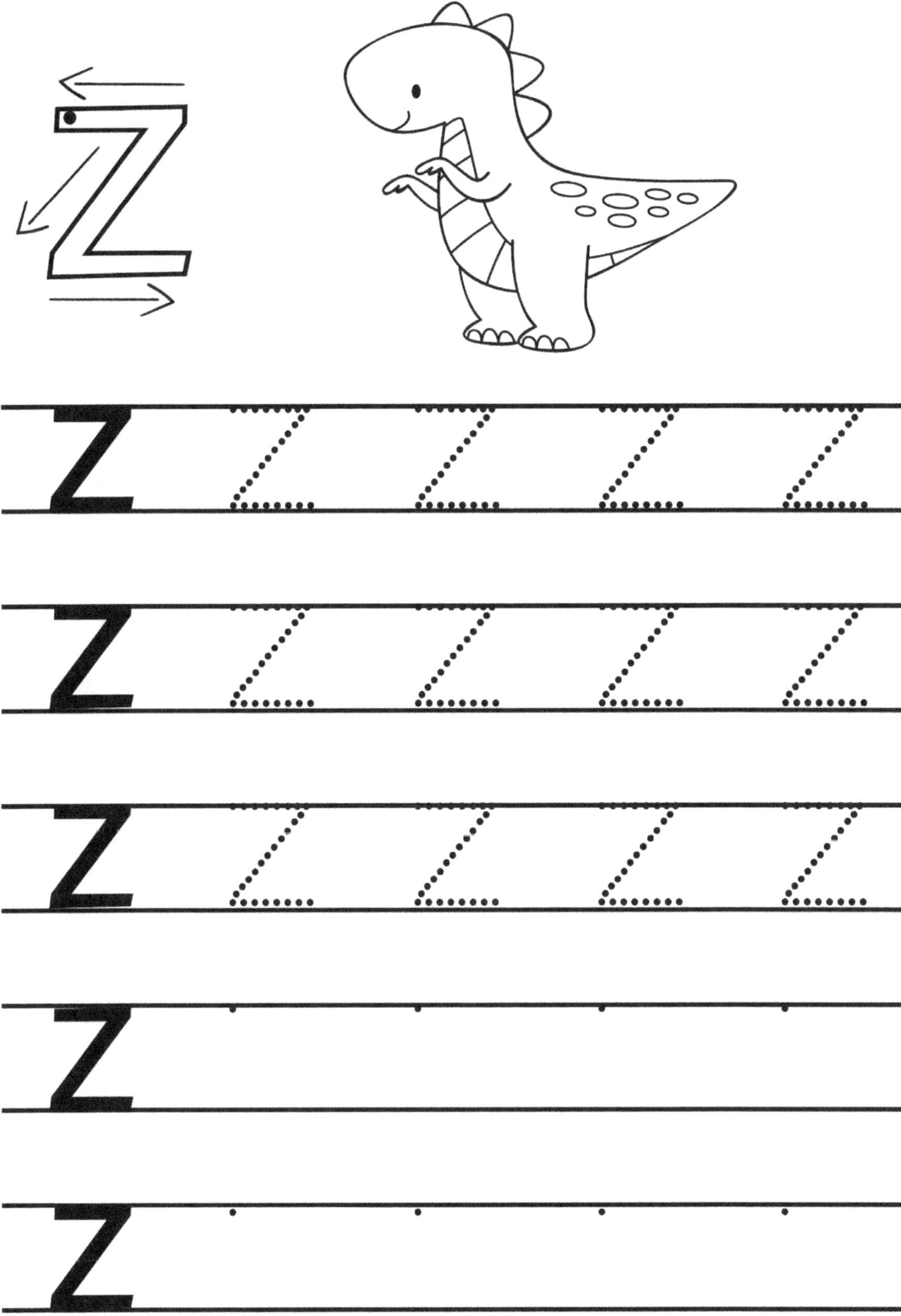

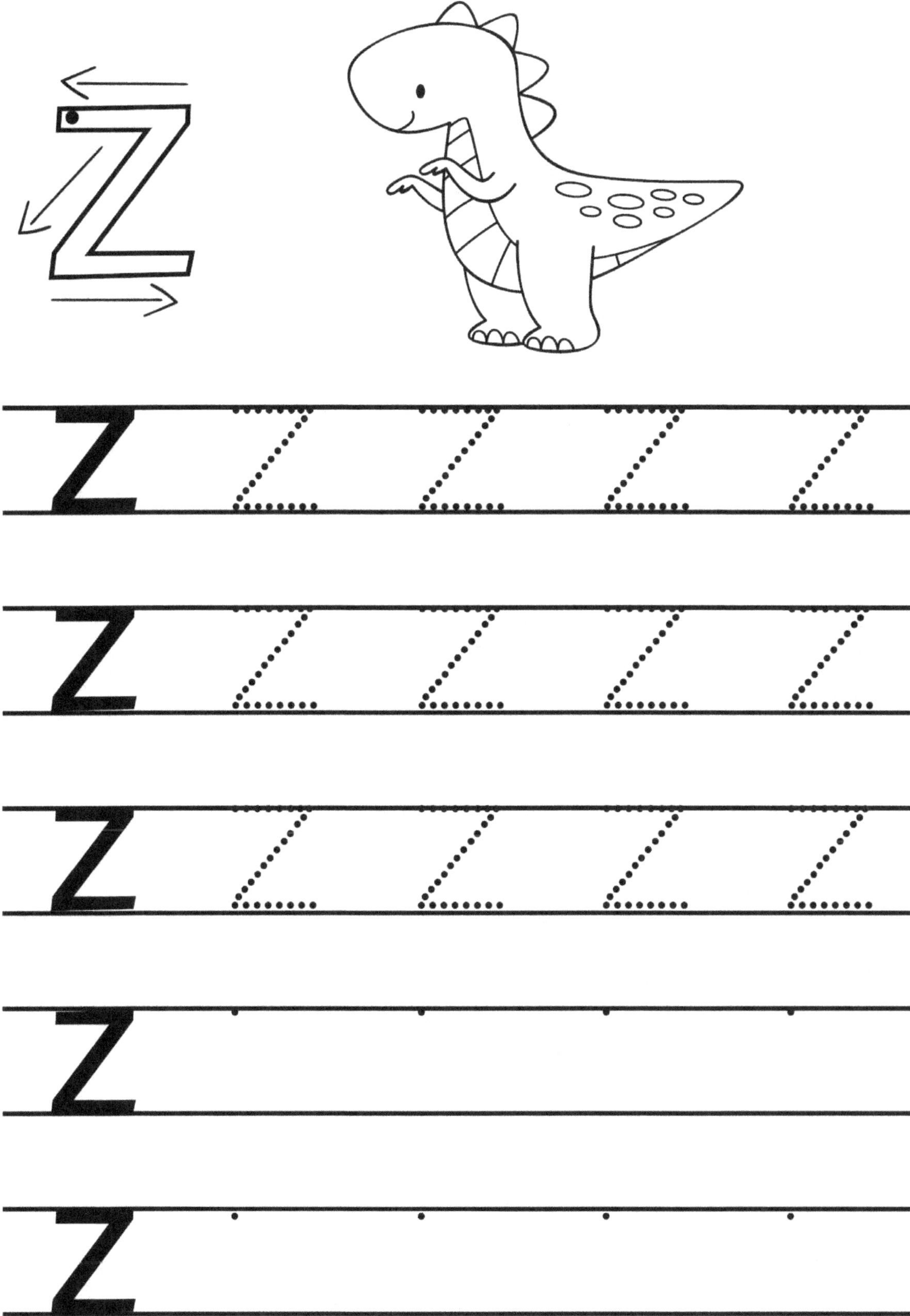

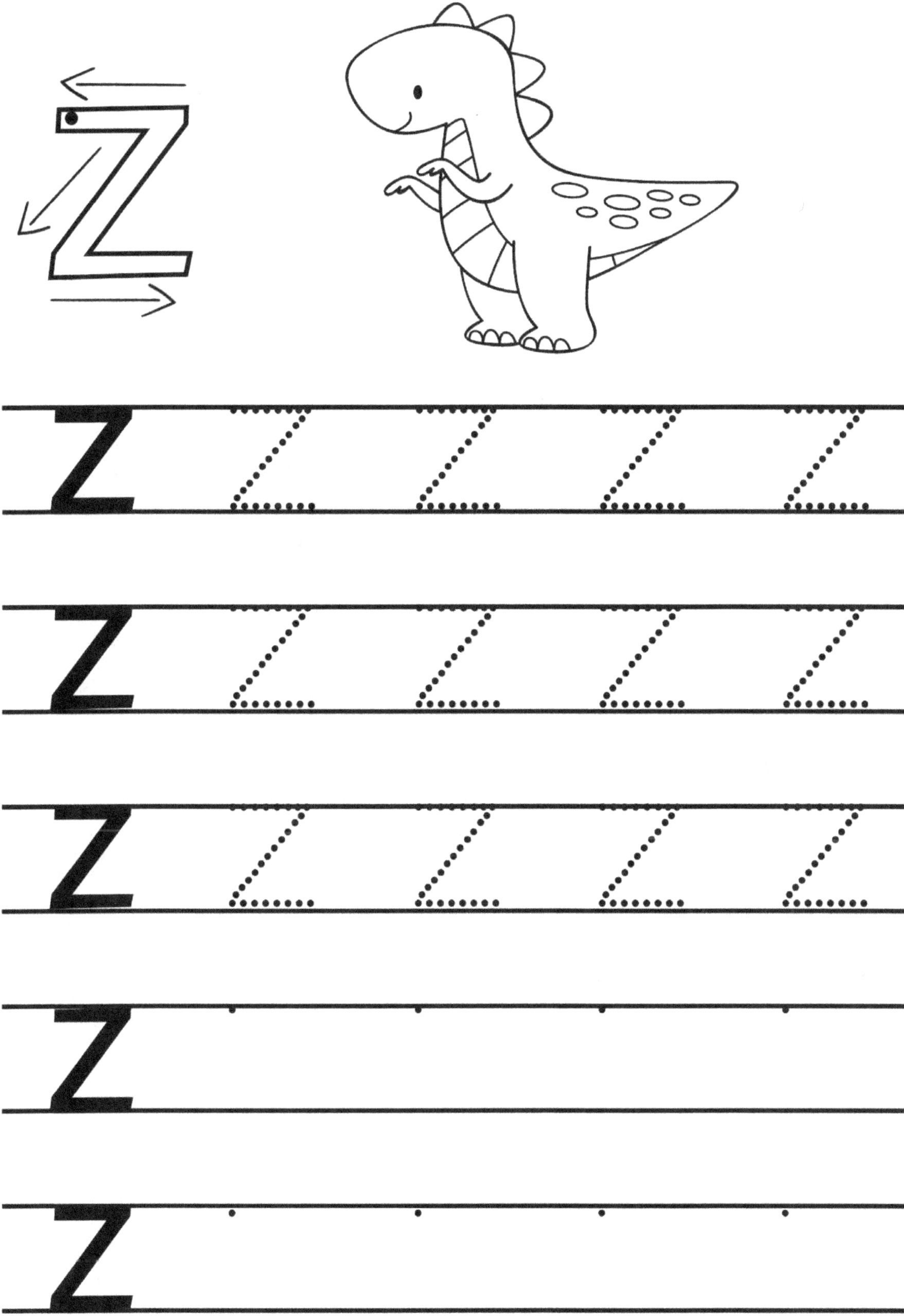

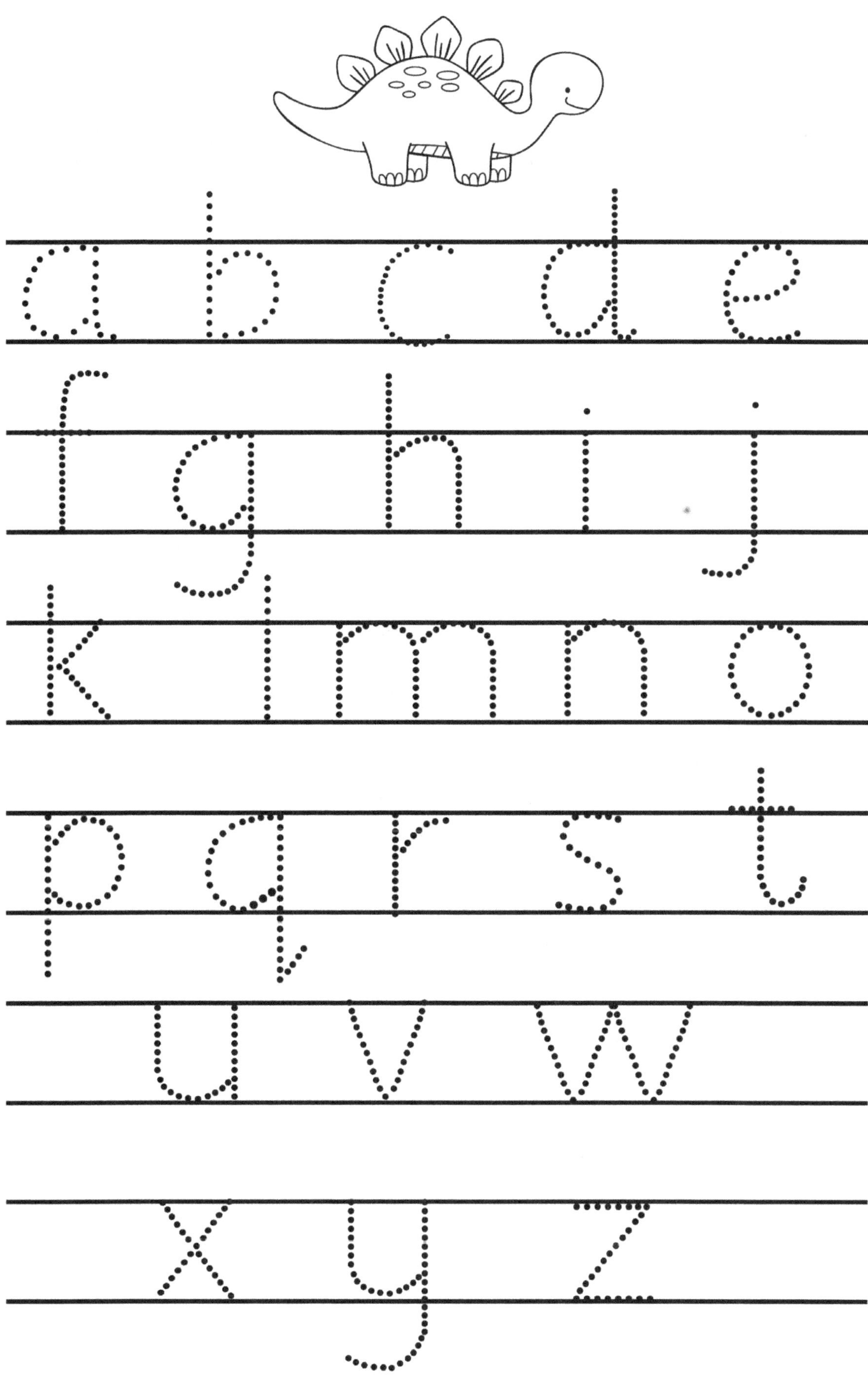

a b c d e
f g h i j
k l m n o
p q r s t
u v w
x y z

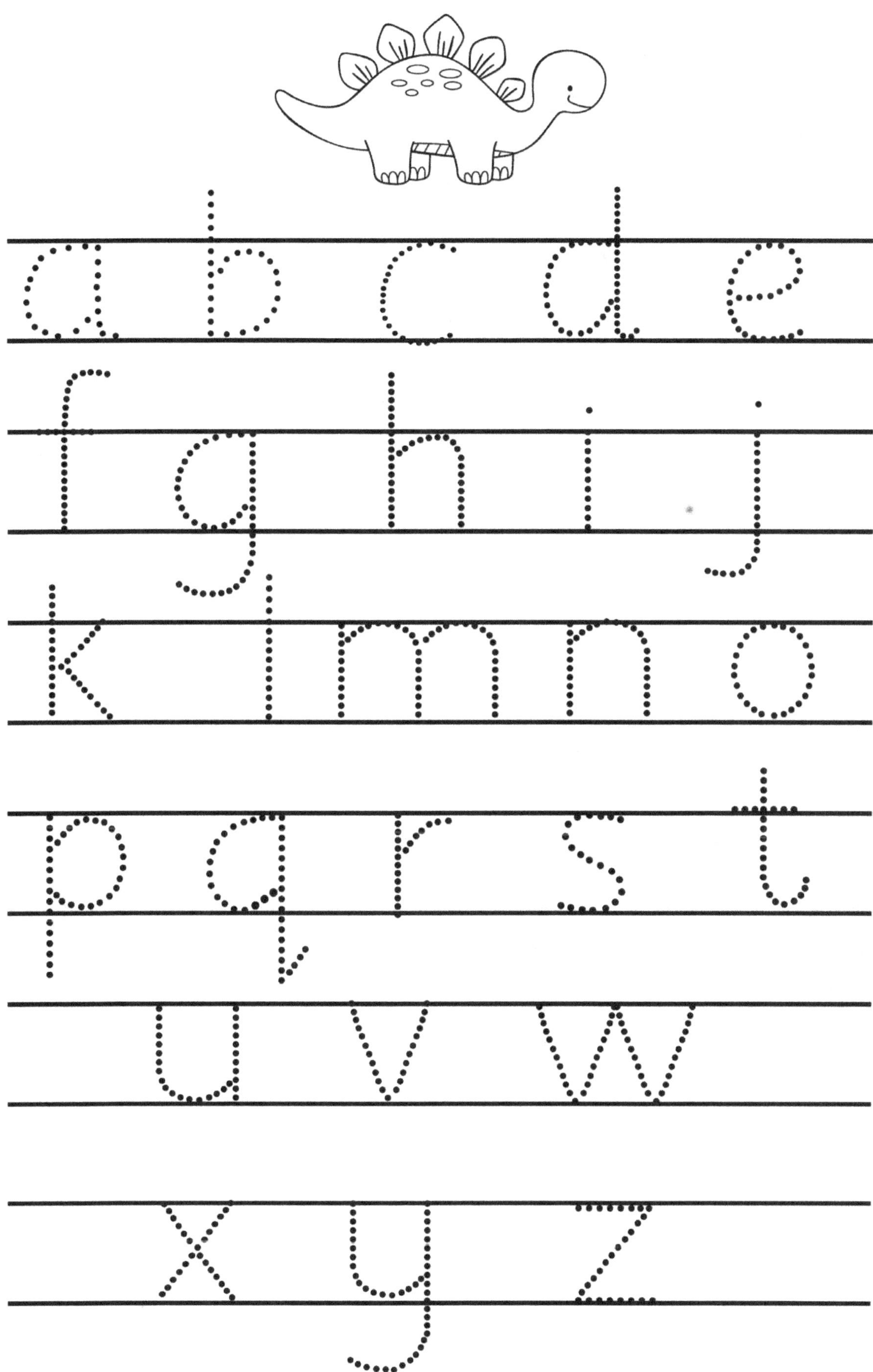

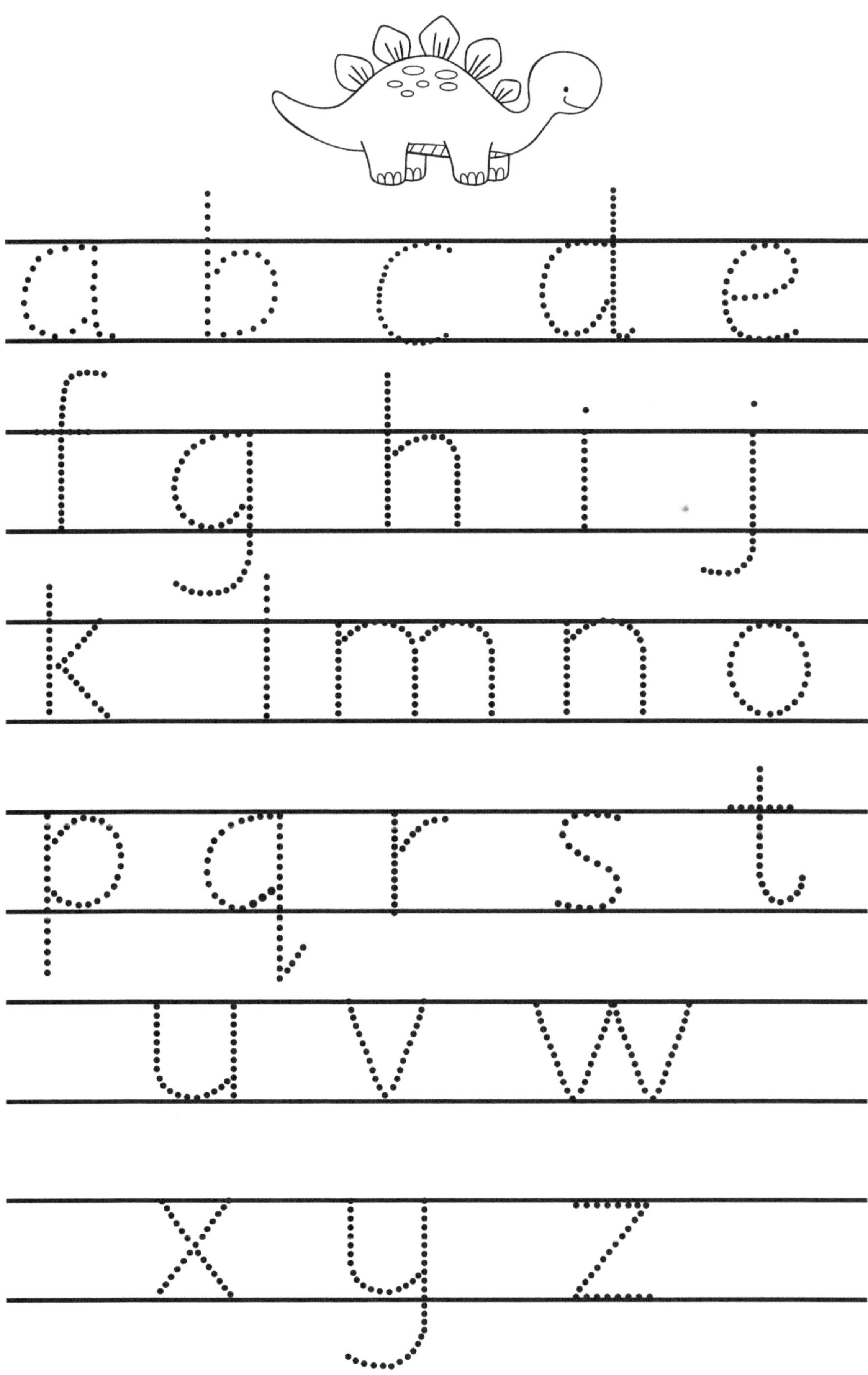

a b c d e
f g h i j
k l m n o
p q r s t
u v w
x y z